Gran libro del péndulo

Gran libro del péndulo

EDICIONES OBELISCO

Colección Feng Shui y Radiestesia
Gran libro del péndulo

1.ª edición: febrero de 2012

Maquetación y diseño de cubierta: *Marta Rovira*
Ilustraciones: *Natàlia Campillo*
© 2012, Ediciones Obelisco, S.L
(Reservados todos los derechos)

Edita: Ediciones Obelisco, S.L.
Pere IV, 78 3.ª planta 5.ª puerta
08005 Barcelona-España
Tel. 93 309 85 25 - Fax 93 309 85 23

Paracas, 59   Buenos Aires
C1275AFA   República Argentina
Tel. (541 -14) 305 06 33 - Fax (541 -14) 304 78 20
E-mail: info@edicionesobelisco.com

ISBN: 978-84-9777-811-4
Depósito legal: B-924-2012

Printed in Spain

Impreso en Gráficas 94, Hermanos Molina S. L.
Polígono Industrial Can Casablancas
Garrotxa, nave 5 - 08192 Sant Quirze del Vallès (Barcelona)

A modo de introducción

Todo es energía y emite radiaciones. De hecho, la materia no es más que energía concentrada. Todos nosotros vivimos sumergidos en un baño de energía y de radiaciones. La radiestesia es un método experimental que nos permite captarlas y evaluarlas. Lo que los antiguos denominaban *rabdomancia* (del griego *rhabdos*, «vara» y *manteia*, «adivinación») o el arte del zahorí, recibe desde principios del siglo xx la denominación de «radiestesia». Esta ciencia o este arte se utilizaba sobre todo para la localización de aguas subterráneas, aunque también para encontrar minerales e incluso tesoros. Con el tiempo, la radiestesia ha ido evolucionando y se ha sofisticado muchísimo.

Actualmente se utiliza incluso en las medicinas alternativas para diagnosticar y para elegir los medicamentos más adecuados.

La radiestesia puede definirse como el estudio de los fenómenos de los campos de fuerza de origen eléctrico, magnético y gravitatorio de la naturaleza que, al influenciar el organismo humano, provocan ciertos reflejos neuromusculares susceptibles de ser amplificados mediante instrumentos físicos como el péndulo o la varilla.

Para algunos investigadores, la radiestesia operaría principalmente a partir de la información psíquica percibida a través de los chakras. Muchos investigadores de medicina vibracional son de hecho procesadores tanto de la energía física como de la psíquica.

El sistema nervioso humano actúa como un aparato receptor sensible a ciertas frecuencias de onda y las sensaciones captadas son trasladadas por los nervios hasta el cerebro para su ulterior interpretación, que devuelve

nuevamente la respuesta-orden idónea por la corriente nerviosa hasta los músculos. Éstos reaccionarán entonces al estímulo mediante un movimiento casi imperceptible denominado «reflejo condicionado» que será «amplificado» por el péndulo o la varilla.

La radiestesia se apoya en la idea de que todas las cosas irradian una energía sutil invisible. Esta energía afecta a los hombres de un modo inconsciente. El radiestesista adiestrado es capaz de captar estas energías gracias a la práctica, e interpretarlas correctamente.

Jacques la Maya, un gran especialista francés contemporáneo distingue cinco tipos de radiestesia:

1. Radiestesia física
2. Radiestesia mental
3. Radiestesia cabalística
4. Radiestesia hebrea
5. Radiestesia formológica

En la antigüedad, los practicantes de la radiestesia se llamaban zahoríes, del árabe, «esclarecido». Este libro no pretende suplir a los excelentes manuales sobre el péndulo que se pueden encontrar en el mercado (*véase* bibliografía). Simplemente aspira a ser un instrumento práctico para aprender a utilizar el péndulo, así como para sacarle el máximo partido gracias a los esquemas, los gráficos y los diagramas que, de hecho, constituyen su esencia.

El término radiestesia fue acuñado por el Abad Bouly en el año 1920. Deriva del latín *radius*, «rayo», y *aistesis*, «sensación». Como investigación sobre las ondas y las vibraciones emitidas por los cuerpos, la radiestesia tiene innumerables aplicaciones.

Cómo practicar la radiestesia

Hay 9 reglas básicas antes de iniciar un experimento de radiestesia:

1. Conviene despojarse en el momento de trabajar de relojes, anillos, cinturones o cualquier otro objeto metálico que pudiera afectar el campo electromagnético del zahorí.
2. Es importante vestir ropa cómoda, que no apriete.
3. Es muy importante mantenerse relajado. Cualquier ruido, excitación nerviosa, estímulo fuerte, emoción intensa, cansancio, estrés, etc., puede afectar a nuestra sensibilidad e inducirnos a error.
4. Siempre que sea posible, conviene trabajar con luz de día, preferiblemente entre las 10.00 y las 16.00 horas, cuando la actividad electromagnética de los cuerpos es mayor.
5. Cruzar los brazos o las piernas mientras se trabaja está desaconsejado ya que, según parece, afectaría a la polaridad natural del cuerpo.
6. Hay que intentar mantener durante toda la sesión la mente en blanco, en reposo, sin imaginar ni dejarse influir por nada.
7. Debemos plantear las preguntas de modo simple, preciso y concreto y huir de la ambigüedad.
8. Es conveniente no precipitarse, no forzar las cosas, esperar con calma el resultado y corroborarlo una vez obtenido.
9. Es importante no cansarse y descansar a intervalos regulares.

El péndulo

El péndulo es considerado el instrumento más versátil, útil y exacto por la mayoría de radiestesistas debido a su amplia variedad de reacciones y a su fácil manejo. Una máxima de la radiestesia afirma que «cualquier cuerpo suspendido de un hilo puede constituir un péndulo».

Hay péndulos de madera, metálicos, de vidrio e incluso de piedras preciosas o semipreciosas. De hecho, podemos fabricar un péndulo con cualquier tipo de pesa pequeña y un cordel. Con todo, el que recomendamos es el péndulo metálico.

El péndulo hace de amplificador de la sensibilidad del zahorí, por lo cual sus efectos se notarán tanto en el plano de la cantidad como en el de la calidad.

Los fenómenos perceptibles con el péndulo tienen una explicación de orden físico: cada cosa, desde la materia inorgánica hasta los seres vivos más complejos, emite radiaciones, y éstas son lo que perciben el péndulo y el radiestesista. Por medio del péndulo, éste puede percibir estas longitudes de onda o radiaciones naturales, lo que le permite detectar la presencia de lo que está buscando: enfermedades, medicamentos, terapias, agua, oro, objetos perdidos, etc.

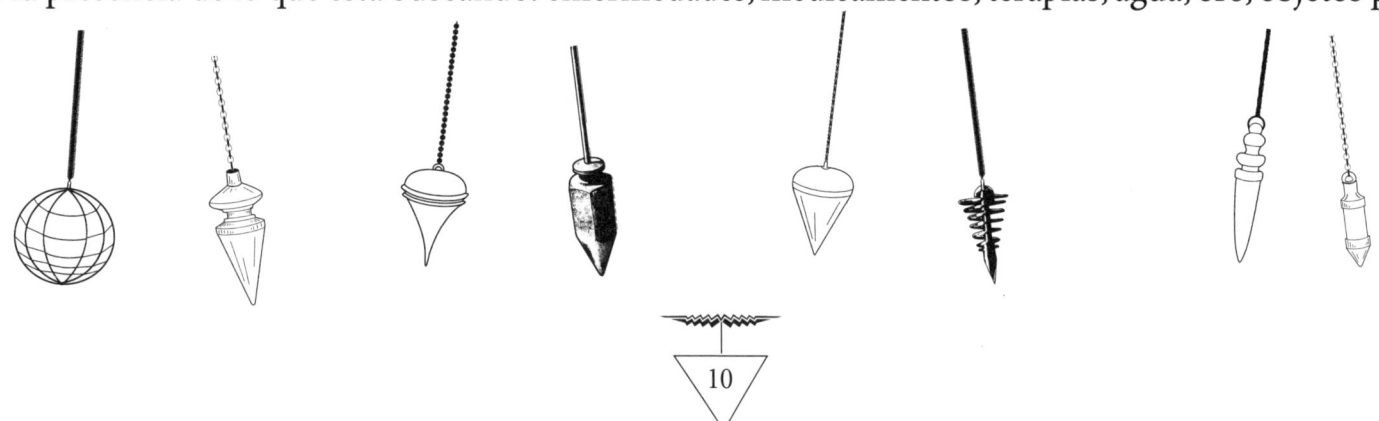

Los primeros pasos

Todo el mundo puede usar el péndulo, pero es necesario, sobre todo al principio, un poco de entrenamiento. Lo más importante es la práctica. Muchos radiestesistas aconsejan empezar a trabajar con el péndulo a solas. Experimentar y practicar son la clave de este trabajo:

1. Para empezar, hemos de estar atentos para no cruzar los brazos ni las piernas.

2. Hay que sostener el péndulo con la misma mano con la que se escribe, si somos diestros con la derecha y si somos zurdos con la izquierda.

3. Si trabajamos sentados sobre una tabla, un plano o un dibujo, hemos de apoyar el codo encima de la mesa ejerciendo la menor presión posible entre los dedos.

4. Hay que dejar que el péndulo se balancee solo, aunque podemos experimentar haciendo suaves círculos, así iremos acostumbrándonos a él y fijaremos cuál es la distancia óptima.

5. Debemos respirar con normalidad y no usar el péndulo si estamos sobreexcitados o cansados, ya que de este modo condicionaríamos los resultados.

6. Cuando nos hayamos acostumbrado al péndulo, podemos preguntarle qué movimiento indica un «Sí» y cuál un «No». Al principio cuesta un poco obtener respuestas, pero es cuestión de entrenamiento y de práctica. Algunos consejos:

1. Nunca te creas infalible.
2. No utilices el péndulo para entrar en la intimidad de los demás.
3. Controla los resultados obtenidos.
4. No corras: haz las cosas despacio, con los cinco sentidos y con el corazón.

El uso del péndulo es muy amplio y con un poco de imaginación podemos utilizarlo en prácticamente todos los ámbitos que se nos antojen. Con el tiempo y la práctica acabará convirtiéndose en un verdadero compañero de viaje que nos acompañará a todas partes. Antes de empezar a trabajar con él conviene lavarse las manos con agua fría, lo cual ayuda a desmagnetizarnos. Si vamos a realizar el trabajo sobre un mapa, podemos sentarnos cómodamente en una silla con la espalda recta, sin apoyarla, con los hombros relajados, en un ambiente tranquilo a poder ser con luz tenue. Si somos practicantes de la meditación, es ideal hacer una de cinco o diez minutos antes de utilizar el péndulo.

Si somos diestros, tomaremos el péndulo por el extremo de la cadena con el dedo pulgar y el índice de la mano derecha, si somos zurdos lo haremos con la izquierda. Colocaremos la punta del péndulo hacia abajo, en posición perpendicular al objeto que queremos investigar o al mapa o esquema sobre el que estemos trabajando, sin apoyar el codo en la mesa. La mayoría de los radiestesistas recomiendan no cruzar las piernas o los brazos cuando trabajamos con el péndulo. Asimismo es recomendable evitar anillos, pulseras, cadenas o relojes, así como cualquier objeto metálico o imantado.

Cuando vayamos a formular preguntas hemos de respetar todas estas reglas para poder obtener respuestas de confianza. Es de suma importancia formular las preguntas con la mayor claridad posible, de un modo sencillo, breve y directo. También es importante preguntar sin dar opciones, pidiendo un «Sí» o un «No», para evitar ambigüedades. Algunos radiestesistas recomiendan a los principiantes que se entrenen haciendo preguntas cuyas respuestas ya conocen, para verificar su sensibilidad y su capacidad con el péndulo.

Los chakras

El péndulo se utiliza con éxito en el diagnóstico energético y la comprobación del estado de los chakras. Estos centros de energía o vórtices energéticos actúan como receptores de las energías cósmicas y desempeñan el papel de «conectores» entre el cosmos y el hombre.

Normalmente el péndulo debe registrar un movimiento circular suave, pero cuando un chakra no funciona bien, el movimiento es casi nulo o muy rápido. Esto se debe casi siempre a un mal funcionamiento de las funciones endocrinas. Situado en la base de la columna vertebral, el primer chakra o «chakra-raíz» está relacionado con la energía sexual básica. El funcionamiento inadecuado de este «chakra-raíz» influirá sobre el de los demás, del mismo modo que la salud de la raíz de una planta o un árbol condicionará la salud del resto de la planta o del árbol.

Cuando el **chakra raíz** está afectado, nos damos cuenta por la inapetencia sexual en unos casos o por una sexualidad exacerbada en otros.

El **chakra sexual** o chakra sacro se relaciona con la creatividad.

El **chakra del plexo solar** controla la asimilación y la digestión.

El **chakra del corazón** es el de la sanación espiritual; cuando está cerrado a causa de pérdidas, rechazos o decepciones, las emociones se ven bloqueadas y la persona deja de amar y ser amada.

El **chakra de la garganta** gobierna la expresión, la comunicación y el crecimiento.

El **chakra frontal** es el de la mente y la inteligencia. También afecta a la intuición.

El **chakra de la corona** está relacionado con lo supramental, la espiritualidad, y controla a los demás chakras.

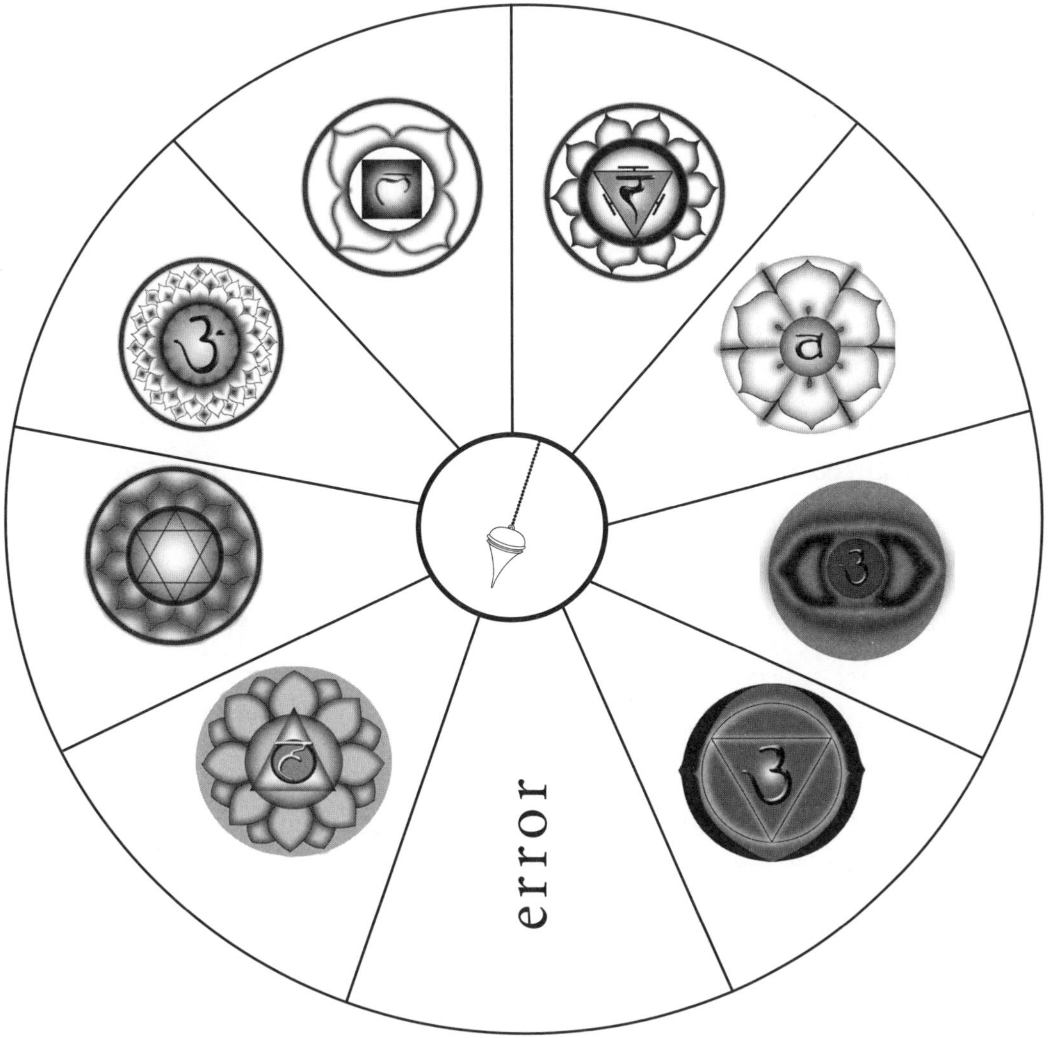

error

1. Chakra raíz

2. Chakra sexual

3. Chakra del plexo solar

4. Chakra del corazón

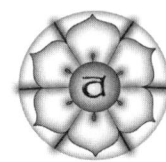
5. Chakra de la garganta

6. Chakra frontal

7. Chakra de la corona

8. Chakras secundarios

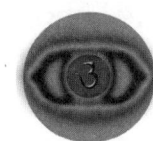

El test de Émile Coué

Émile Coué fue un farmacéutico y psicólogo francés que vivió a principios del siglo xx. Su famoso sistema, el método Coué, se halla en el origen de las modernas «afirmaciones» y de toda la psicología del pensamiento positivo. El Dr. Coué diseñó un sencillo test que ayudará a cualquier principiante a sensibilizarse con las energías del péndulo.

Sostengamos el péndulo justo en el centro de la cruz que se halla insertada en el círculo, y observemos cómo la pesa se mueve en la dirección de una de las líneas. Observemos el balanceo y cómo aumenta la fuerza de éste. Luego imaginemos que el péndulo se va deteniendo hasta que ya no hay movimiento y cómo luego empieza a moverse de nuevo, siguiendo la otra línea recta.

Repitamos este experimento con los ojos cerrados: veremos que el resultado es el mismo. Practicar con los ojos cerrados puede ayudarnos a desarrollar la intuición.

Podemos intentar otro experimento que también nos ayudará a desarrollar nuestra sensibilidad. Con los ojos cerrados, sostengamos el péndulo y digámosle mentalmente que se mueva en la dirección de las agujas del reloj. Esperemos unos segundos y abramos los ojos. Veremos cómo el péndulo nos ha obedecido.

Intentemos de nuevo el mismo experimento, pero ahora diciéndole mentalmente al péndulo que se mueva en el sentido contrario a las agujas del reloj. Cuando abramos los ojos veremos que el péndulo nos ha obedecido. Con tiempo y práctica iremos desarrollando nuestra sensibilidad y el péndulo nos «responderá» cada vez con más exactitud.

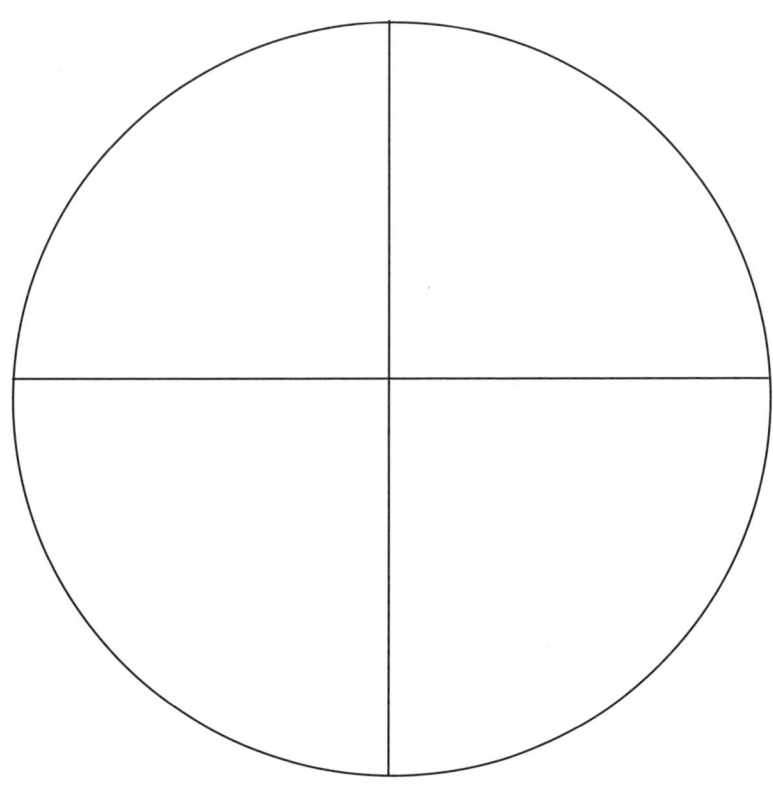

La teleradiestesia o radiestesia con mapas

Podemos definir la teleradiestesia como la facultad que poseen algunos individuos de determinar el lugar en el que se encuentra una persona o un objeto por medio del péndulo y de un gráfico o un mapa. También puede ayudarse de una fotografía o de un objeto perteneciente a esa persona.

Para lograrlo, el radiestesista debe concentrarse en la fotografía o el objeto que se asocia a la persona que está intentando localizar y dejar libre el péndulo sobre el croquis o el mapa de la zona donde se ha acotado la búsqueda. Sin forzar en ningún momento, ha de esperar a que el péndulo se detenga por sí solo. Esto le indicará dónde debe realizarse la búsqueda física del objeto o la persona perdidos.

Lo primero que ha de tener claro el radiestesista es el conocido aforismo de Korzibsky que sostiene que «el mapa no es el territorio». El mapa no es un objeto en sí mismo, sino únicamente una información de referencia que representa un lugar concreto; en fin, una muestra. Con la práctica, un fotografía, una carta o incluso un objeto personal podrán utilizarse para localizar a una persona perdida.

Los movimientos del péndulo

Los movimientos básicos del péndulo y sus significados son los que se explican en la tabla siguiente. Adopta el que más te convenga o el que te parezca más apropiado para la pregunta que estás realizando.

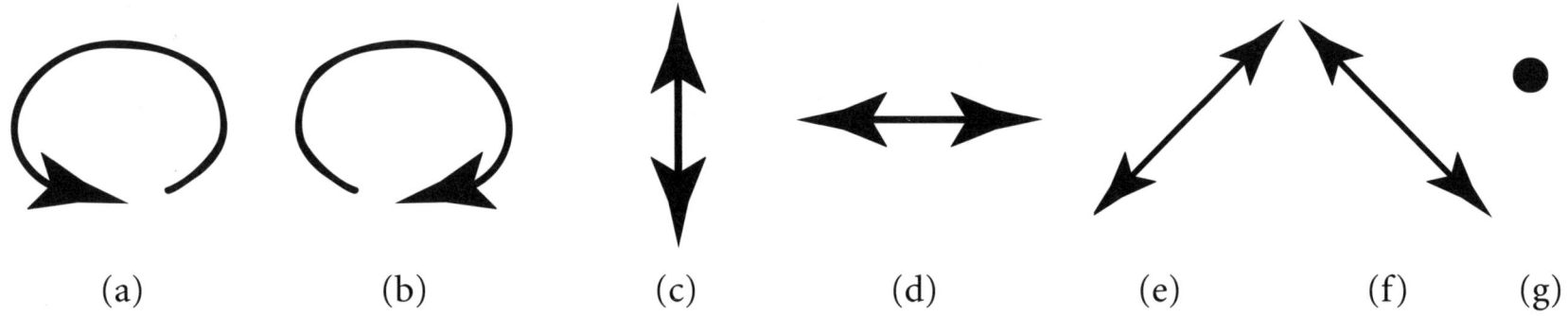

(a)   (b)   (c)   (d)   (e)   (f)   (g)

El uso del péndulo puede parecer muy sencillo ya que consta de dos movimientos básicos: la oscilación y la quietud. Sin embargo también hemos de tomar en cuenta los movimientos rotatorios. Los 7 movimientos básicos que indicamos bastarán para que podamos trabajar con el péndulo.

TIPO DE MOVIMIENTO	FIGURA	SIGNIFICADO GENERAL
Rotación en el sentido de las agujas del reloj	(a)	Sí, positivo
Rotación en sentido contrahorario	(b)	No, negativo
Vertical, de arriba abajo	(c)	Sí
Horizontal, de lado a lado	(d)	No
Diagonal en dirección Sudoeste-Nordeste	(e)	Probablemente sí, futuro
Diagonal en dirección Sudeste-Noroeste	(f)	Probablemente no, pasado
Sin movimiento	(g)	Bloqueo

Los errores del péndulo

El péndulo no se equivoca, pero a veces, sobre todo al principio, podemos llegar, sin quererlo, a conclusiones equivocadas. Ya vimos (página 9) cuáles eran las reglas básicas para trabajar con el péndulo. Si las seguimos a conciencia, como el que sigue una receta de cocina o las instrucciones de un programa de ordenador, acabaremos haciendo lo correcto.

El mismo péndulo nos puede ayudar a determinar qué estamos haciendo mal. Así, nos puede avisar de que hay influencias negativas externas que están deformando los resultados, de que estamos cansados o sencillamente que hay un error.

Otra posibilidad es que haya influencias de tipo mágico, prejuicios por nuestra parte, falta de práctica o sencillamente que de momento no hay respuesta.

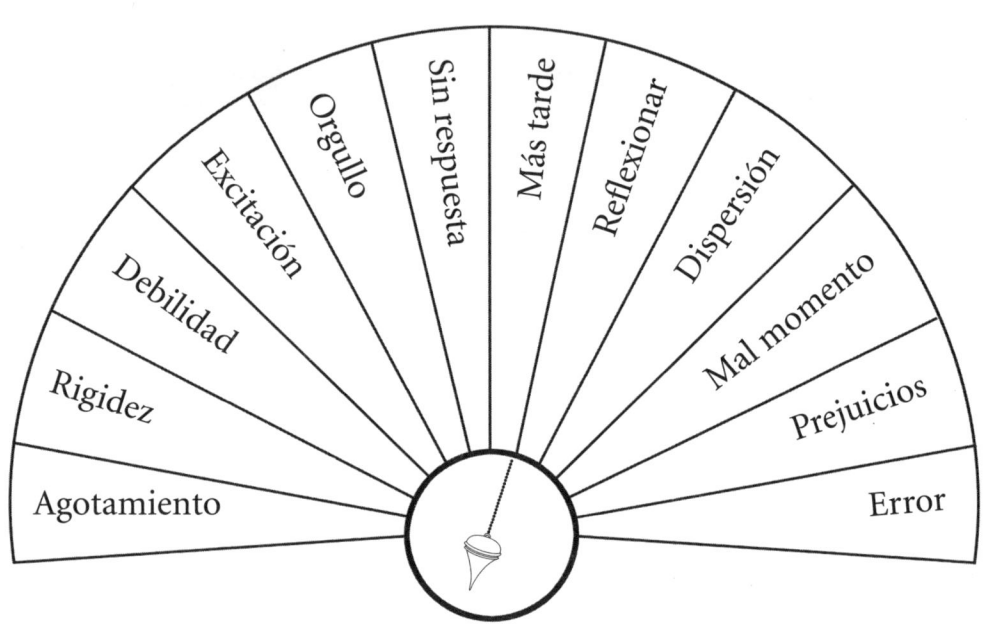

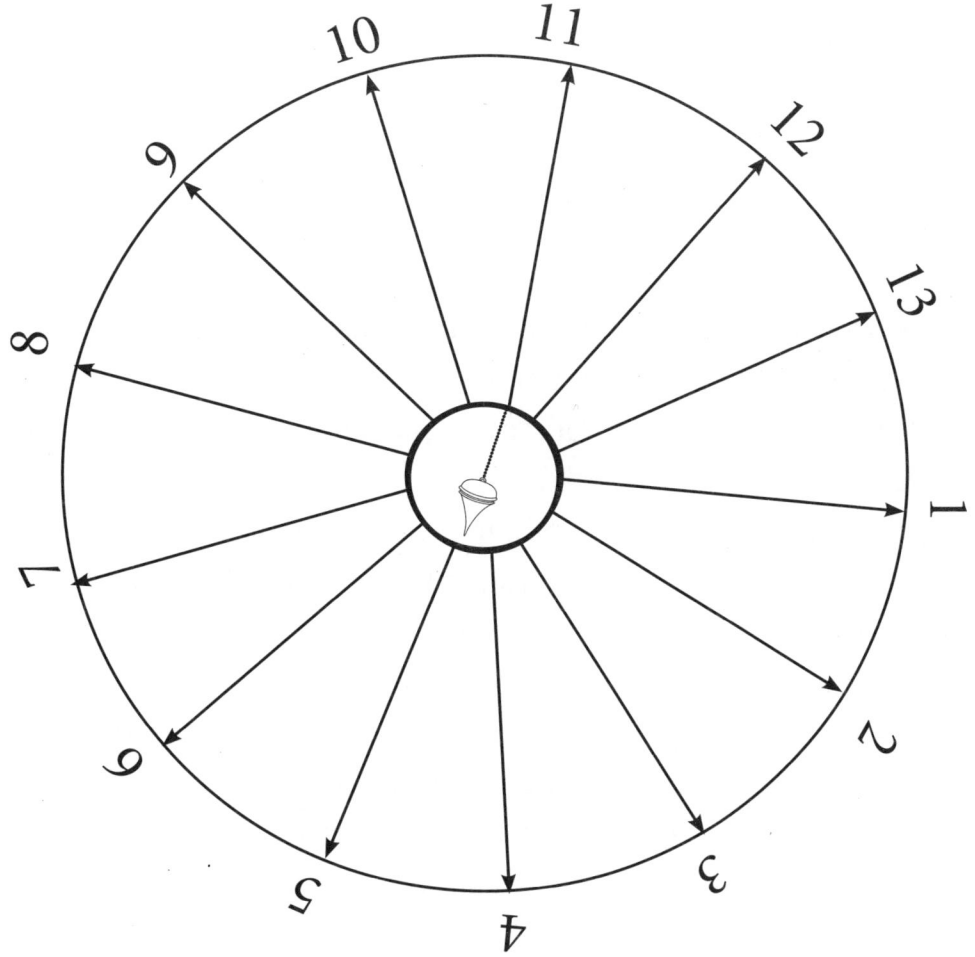

1. Influencias pertubadoras externas
2. Falta de confianza
3. Prejuicios
4. Falta de interés real
5. La respuesta no está aquí
6. Orgullo
7. Incompetencia
8. Falta de concentración
9. Fatiga
10. Influencia mágica negativa
11. Respetar la intimidad de otros
12. Por el momento no hay respuesta
13. Error

Técnicas direccionales y cuantitativas

Estas técnicas garantizan un gran ahorro de esfuerzo y tiempo porque permiten trabajar sobre un mapa o un objeto con un alto grado de precisión, evitándole innecesarios desplazamientos al radiestesista. También son ideales en trabajos a los que no podemos acceder como, por ejemplo, en la localización de una fuga de agua.

Cuando practicamos la radiestesia, la sintonización es una de las habilidades que hemos de esforzarnos en desarrollar. Ello nos ayudará a trabajar mejor con técnicas como la triangulación.

Utilizando la técnica denominada de triangulación, podemos determinar con gran precisión la posición de un objeto. Imaginemos que queremos localizar un pozo en un terreno de gran extensión. Para no tener que pasar horas con el péndulo deambulando por él, extenderemos el brazo izquierdo en una de las cuatro direcciones, y con el péndulo en el derecho preguntaremos «¿Hay agua en esta dirección?». Si el péndulo reacciona positivamente, trabajaremos en esta dirección señalizándola por ejemplo con una estaca; si no es así, haremos la misma pregunta en las tres direcciones restantes. Anotaremos cuidadosamente todas las respuestas que obtengamos.

Repetiremos lo mismo desde otro punto del terreno, hasta fijar otra estaca de referencia, y cuando hayamos establecido tres referencias, aplicaremos la triangulación. Las proyecciones de las direcciones conseguidas se cruzarán en un punto próximo a nuestro objetivo.

Por medio de la técnica de rastreo podemos averiguar el curso exacto y la dirección de una corriente de agua subterránea. Procederemos del siguiente modo:

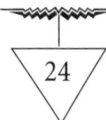

1. Nos relajamos y llevamos el péndulo a una posición neutral.
2. Caminamos hacia adelante preguntándonos en qué dirección está lo que buscamos. Cuando notemos que el eje de oscilación del péndulo cambia, seguiremos esa dirección.
3. Avanzamos en la dirección que nos indica el péndulo, adaptándonos a los posibles cambios de dirección.
4. Cuando llegue el momento en que el movimiento del péndulo cambia de la oscilación al giro, habremos llegado a la localización exacta de lo que buscábamos.

Técnica cuantitativa:

Las técnicas cuantitativas varian según el tipo de instrumento que vayamos a utilizar. Pueden ser directas o indirectas. Las primeras nos proporcionan respuestas de forma directa mientras que las segundas lo hacen por analogía.

Las técnicas cuantitativas se basan en tres elementos: la selección previa de unidades, el orden de las mismas y el tipo de escala.

Las técnicas cuantitativas indirectas funcionan bajo proporciones establecidas de antemano por el radiestesista, como por ejemplo la mayor parte de los diagramas que aparecen en este libro. Podemos predeterminar unidades para medir una distancia (metros, kilómetros, etc.), un peso (gramos, kilos, etc.), un caudal (centímetros o metros cúbicos por segundo o por minuto), tiempo (segundos, minutos, horas, días, semanas, meses o años). En lo que se refiere al orden, asignaremos un valor en las unidades escogidas a cada división del diagrama.

Otro posible método que podemos utilizar precisará del péndulo y de una regla. Estableceremos una correlación entre cada centímetro y una escala de profundidades previamente establecida, que nos proporcionará la información cualitativa que tratemos de averiguar.

Cómo buscar agua

La búsqueda de pozos o de aguas subterráneas es, desde que el hombre existe, una necesidad que a veces se ha convertido en obesesión. En la antigüedad esta búsqueda se hacía siempre *in situ,* caminando por el lugar, instrumento en mano, esperando que el péndulo o la varilla reaccionaran. Uno de los nombres de los zahoríes era, en francés, *sourciers,* que podríamos traducir como «manantialeros». Actulamente se utilizan técnicas cuantitativas precisas, que ahorran tiempo y energía, pues permiten trabajar sobre mapas o planos. Con todo, siempre vale la pena complementar la búsqueda sobre plano con la búsqueda en el terreno, cuando esto sea posible. A continuación ofrecemos dos de los métodos más fiables para encontrar agua:

1. El método Bouly
2. El método Mertens

Ya vimos que fue el abate Alexis Bouly quien acuñó el término *radiestesia,* durante un congreso celebrado en la ciudad de Avignon, en el año 1933. Su principal objetivo era quitarle el halo de esoterismo que tenía la rabdomancia, más relacionada con las mancias, o sea con la adivinación, que con una disciplina empírica y científica como es la radiestesia. El Abate Bouly fue famoso por haber descubierto en la zona del frente obuses enterrados e ingenios que no habían estallado. El método siguiente fue desarrollado por Bouly y aún se utiliza en la actualidad. El trabajo no se realiza con el péndulo, sino por medio de varillas. A finales del siglo XVIII el péndulo desplazó a las varillas de avellano. Actualmente se utilizan varillas metálicas.

En el año 1940 aparece un libro que revolucionará la radiestesia, se trata de *Radiestesia y telerradiestesia*, del radiestesista belga Victor Mertens. En él el autor, por otra parte contemporáneo de Bouly, ya propone un método de trabajo que utiliza el péndulo además de las varillas tradicionales. Entre otros temas de vital importancia, Mertens señaló la necesidad por parte de las personas enfermas de que el lugar donde vivieran fuese examinado por un radiestesista competente.

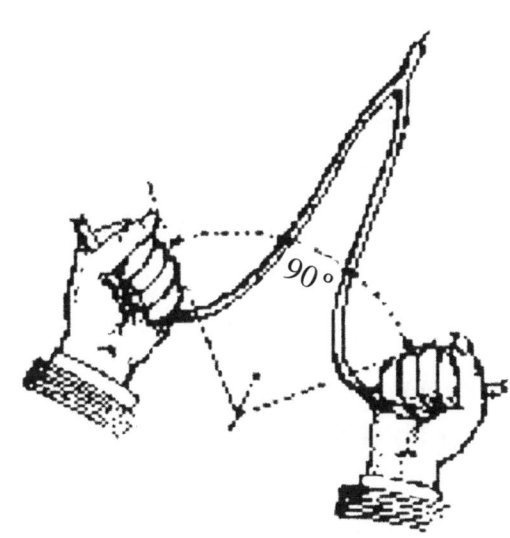

Método Bouly para localizar manantiales o corrientes de agua:

1. Fijar la posición del Sol aunque esté nublado.

2. Caminando alrededor del terreno que quiere prospeccionar, buscar el haz de rayos que el Sol proyecta sobre la Tierra. La señal de que lo habremos encontrado la dará la reacción de la varilla. Este haz nos señala dónde está el manantial o la fuente, ya que actúa como una onda portadora.

3. La varilla se levantará hacia dicho haz, por lo que debemos seguir la dirección que nos señala. De este modo llegaremos al objetivo (fuente manantial o corriente de agua).

Método Mertens:

1. Situarse en un lugar más apropiado dentro del terreno que va a prospeccionar.

2. Extender el brazo izquierdo con el puño cerrado y el índice extendido como si fuera una prolongación del brazo; sostener el péndulo con la mano derecha. El índice hará el papel de antena y el péndulo de receptor. Si el índice encuentra algo, el péndulo girará.

3. Ir avanzando lentamente, en la dirección que nos haya señalado el péndulo. Una vez llegado al punto, señalarlo y repetir la operación varias veces para encontrar las diferentes zonas de acción.

Las reglas de oro

Existen en radiestesia dos reglas de oro explicitadas por Louis y Christophe Chouteau: la orientación y la convención mentales. Se trata de afirmaciones que conviene pronunciar mentalmente antes de trabajar.

La orientación mental:

Tal como expresa Louis Chouteau es la siguiente:
«Quiero volverme sensible únicamente a las radiaciones del tema o la cosa a examinar, excluyendo cualquier otra radiación».

La convención mental:

Tal como expresa Louis Chouteau, es la siguiente:
«Si comienzo con el péndulo inmóvil, convengo que distinguiré que capto tal radiación cuando el péndulo pase de la inmovilidad a cualquier movimiento sin preferencia, ya sea giro u oscilación».

Para buscar trabajo

En su apasionante libro *La ciencia mágica de las vibraciones*, Geneviève Ruskin propone dos diagramas para orientarnos en la búsqueda de trabajo, primero buscar en el lugar donde nos gustaría trabajar (AMBIENTE) y luego el tipo de empleo que desearíamos desempeñar (CLASIFICACIÓN).

1. Empleado
2. Artista
3. Técnico
4. Servidor
5. Granjero
6. Obrero
7. Artesano
8. Investigador
9. Comerciante
10. Profesión liberal
11. Informador
12. Vendedor

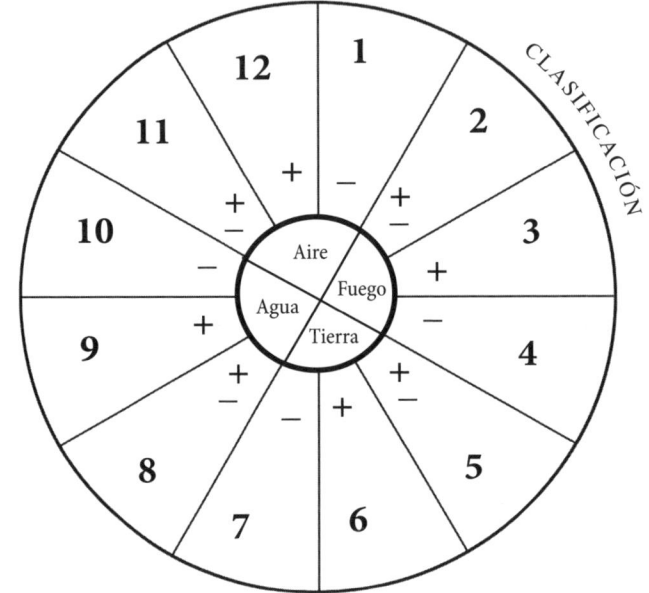

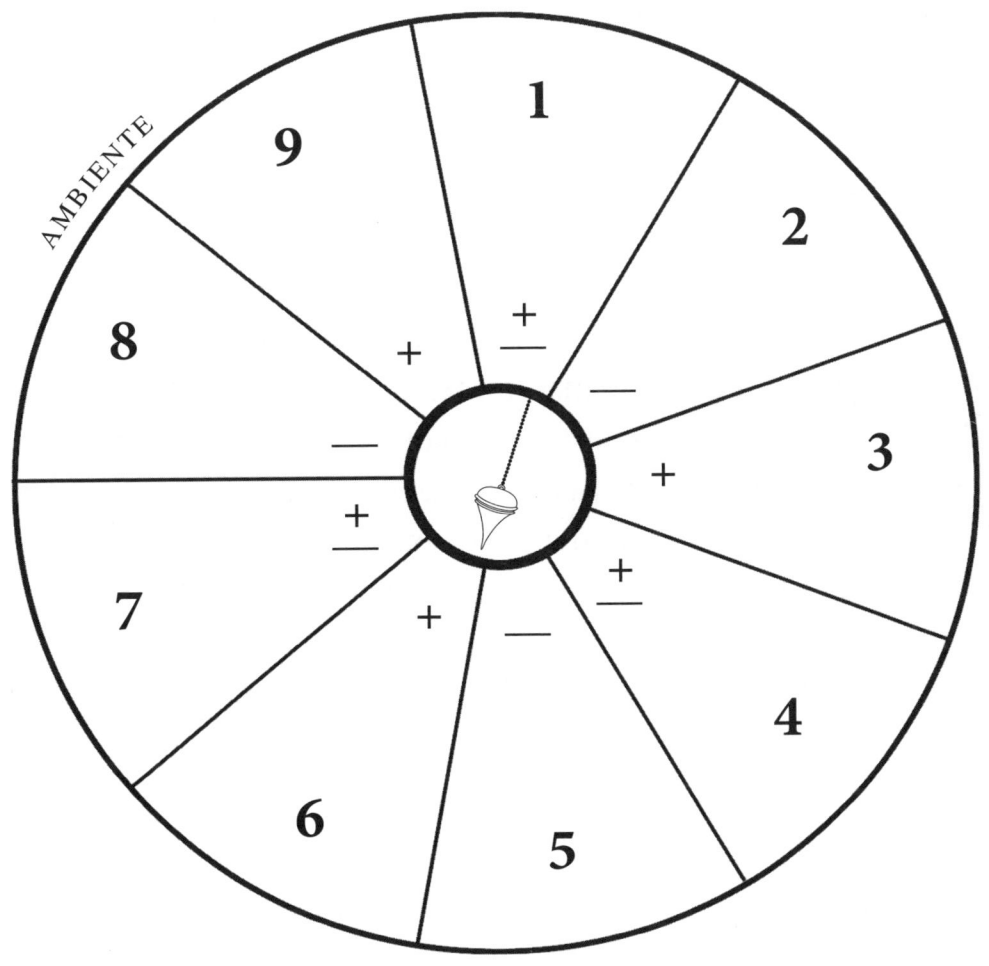

1. Tienda, comercio
2. Oficina, administración
3. Viaje
4. Lugares públicos
5. Aire libre
6. Construcciones y servicios públicos
7. Almacén, taller, máquinas planas
8. Laboratorio, estudio, clase
9. Oficio especializado

El cuerpo

El cuerpo humano y los órganos afectados por una enfermedad pueden rastrearse por medio del péndulo que, muchas veces, será más preciso que otros medios de diagnóstico tradicionales. El péndulo, al detectar energías, permite descubrir la presencia de una enfermedad antes incluso de que ésta se manifieste. En el diagrama de la página siguiente encontraremos asignados los principales órganos del cuerpo humano. Cuando coloquemos el péndulo encima de él, normalmente oscilará al estar frente a una zona sana, mientras que se detendrá cuando se halle sobre una afectada. Este tipo de examen no pretende sustituir a un análisis de sangre o de orina, sino que ayudará a localizar un desequilibrio vibratorio en un órgano concreto que, si no recibe el tratamiento adecuado, con el tiempo puede degenerar en forma de enfermedad.

Podemos utilizar también este diagrama para hacer preguntas concretas sobre las partes del cuerpo que aparecen en él.

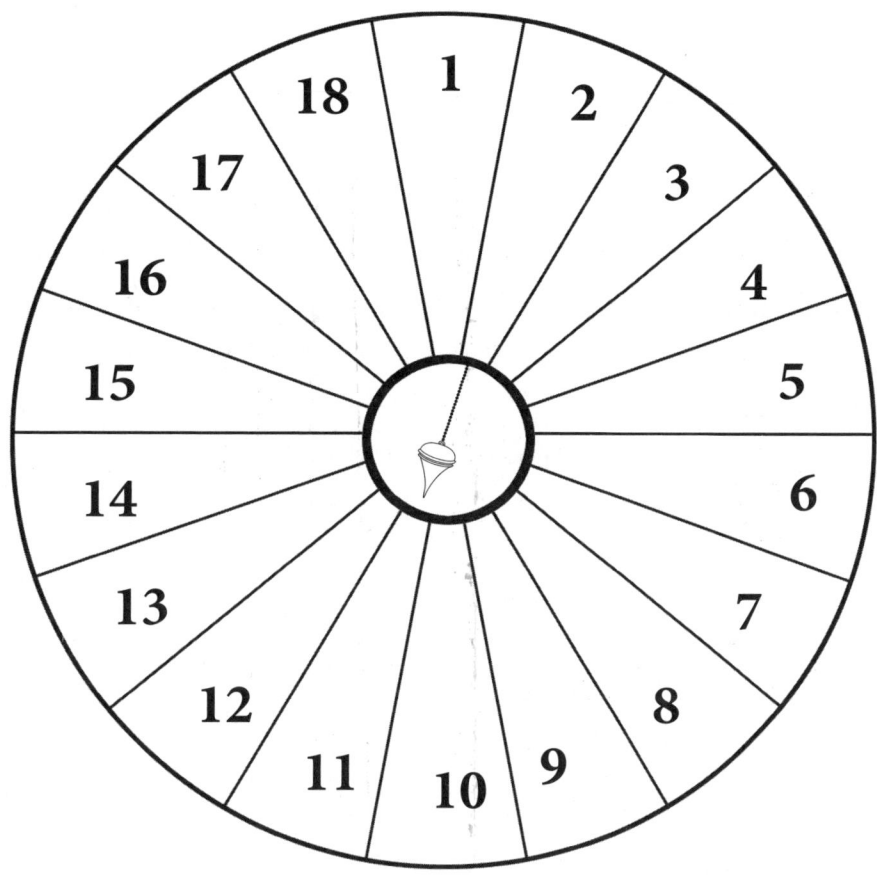

1. Cerebro
2. Médula espinal
3. Columna vertebral
4. Pulmones
5. Corazón
6. Riñones
7. Vesícula biliar
8. Hígado
9. Error
10. Estómago
11. Páncreas
12. Bazo
13. Vejiga
14. Órganos sexuales
15. Intestino grueso
16. Intestino delgado
17. Duodeno
18. Error

Duración de un tratamiento

La duración que va a tener un tratamiento ti<ene una importancia nada despreciable. Saber determinar cuánto ha de durar un tratamiento, sea con homeopatía o con cualquier otra terapia alternativa, es algo que nos va a decir el propio paciente por medio de la sintomatología o de la recuperación. Sin embargo, a modo orientativo, el péndulo puede ayudarnos a calcular, más o menos, cuánto tiempo hemos de seguir administrando el remedio elegido incluso si los síntomas ya han desaparecido.

Trabajaremos con períodos lunares, o sea de 28 días. Los tratamientos naturales son distintos de los alopáticos y dependen en gran medida del estado del enfermo, de sus reservas vitales y de sus sistema inmunitario.

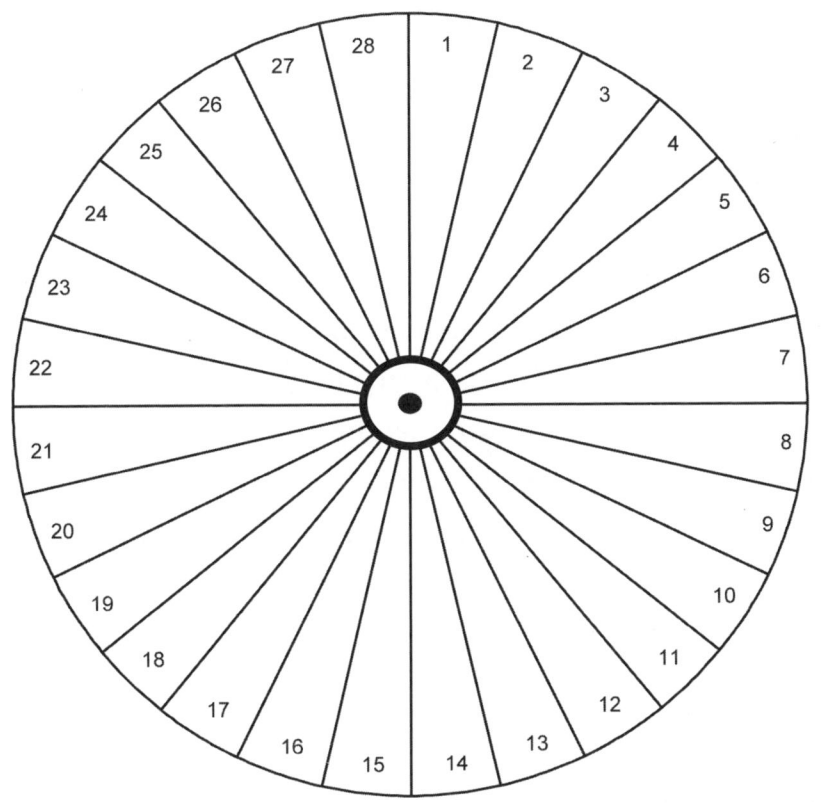

1. 1 día
2. 2 días
3. 3 días
4. 4 días
5. 5 días
6. 6 días
7. 1 semana
8. 2 semanas
9. 3 semanas
10. 4 semanas
11. 5 semanas
12. 6 semanas
13. 7 semanas
14. 2 meses

15. 3 meses
16. 4 meses
17. 5 meses
18. 6 meses
19. 7 meses
20. 8 meses
21. 9 meses
22. 10 meses
23. 11 meses
24. 1 año
25. Más de 1 año
26. Sólo si existen molestias
27. Tabla de errores
28. Otros

Homeopatía

La homeopatía es sin duda el sistema médico alternativo que goza de más credibilidad en la actualidad, a pesar de que utiliza remedios que carecen de ingredientes químicamente activos. Según los homeópatas los mismos síntomas que provoca una sustancia tóxica pueden ser curados ingiriendo un preparado en dosis infinitesimales de esta misma sustancia.Una aplicación muy común del péndulo consiste en detectar qué remedio homeopático le conviene a una persona en un momento dado. En las disoluciones de los remedios homeopáticos permanece un principio energético que es el que va a desencadenar el proceso de curación. En los diagramas de las páginas siguientes aparecen los principales remedios, pero el radiestesista puede elaborar sus propios diagramas con otros remedios. Conviene comprobar siempre con un buena *Materia médica* si el remedio que nos aconseja el péndulo es adecuado para la sintomatología o la dolencia que sufre el paciente. Existen muchas *Materia médica*, pero las más recomendadas son la de Kent y la de Allen. El homeópata griego Georges Vithoukas ha publicado en inglés una voluminosa *Materia médica viva* en 12 volúmenes.

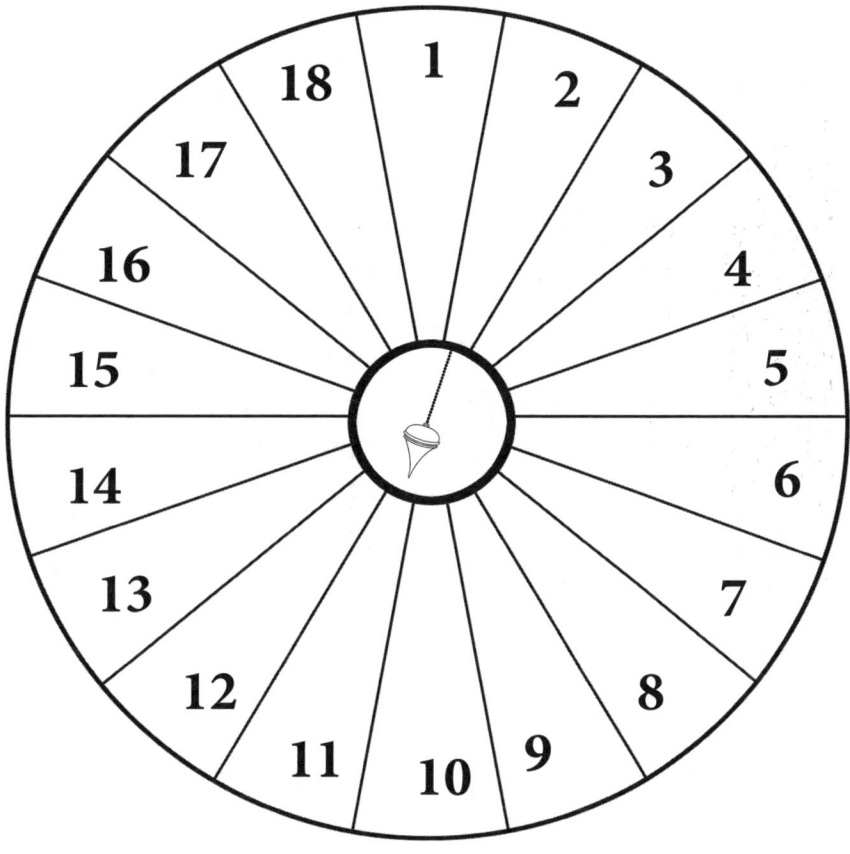

1. Acónitum
2. Apis Mel.
3. Arnica
4. Avena sativa
5. Belladona
6. Bryonia
7. Cactus
8. Cantharis
9. Camomilla
10. Carbón veg.
11. Chlorophyllum
12. Celidonium
13. Cimicífuga
14. Clematis
15. Coffea
16. Crataegus
17. Cuprum met.
18. Error

1. Drosera
2. Echinacea
3. Eufrasia
4. Gelsemium
5. Graphites
6. Hammamelis
7. Hedera Helix
8. Hypericum
9. Ignatia
10. Leonorus cardiaca
11. Lycopodium
12. Nux vomica
13. Ortiga blanca
14. Phaseolus nanus
15. Petasites
16. Poligala
17. Pulsatilla
18. Error

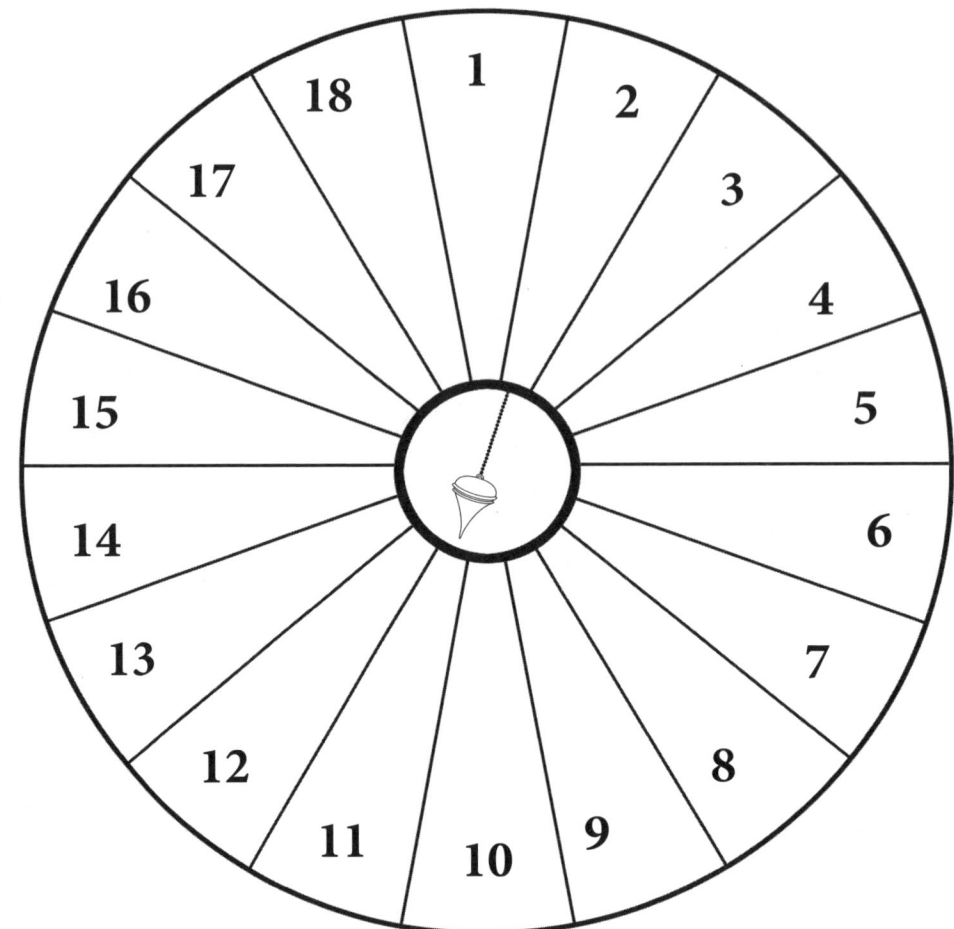

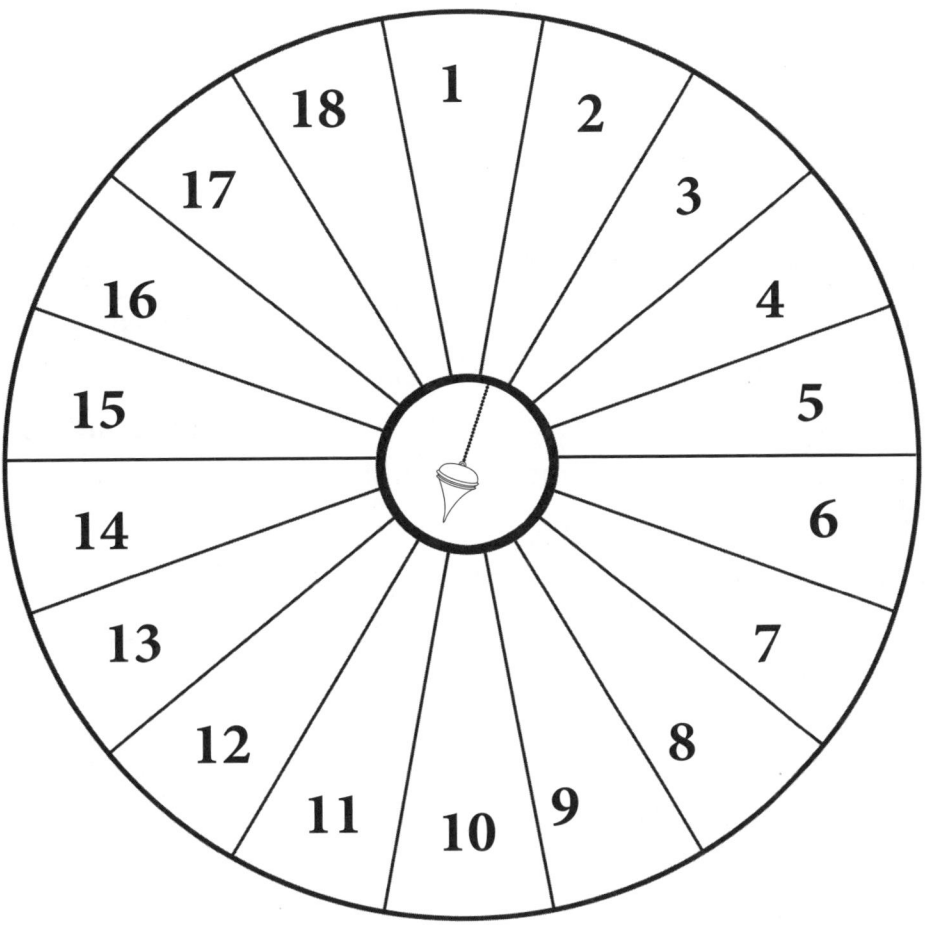

1. Phosphorus
2. Rheum
3. Rhus toxicodendron
4. Salvia
5. Selenium
6. Senna
7. Sepia
8. Silicea
9. Spigelia
10. Stramonium
11. Sulphur
12. Tabacum
13. Tuberculinum
14. Valeriana
15. Vainilla aromática
16. Viscum album
17. Zinc
18. Error

Minerales y oligoelementos

Los minerales y los oligoelementos son elementos químicos no orgánicos esenciales en pequeñas cantidades para la vida. Si bien el cuerpo humano no puede producirlos, ha de tomarlos del exterior ya que los necesita para vivir pues deja de funcionar adecuadamente tanto en el caso de deficiencia como de exceso de alguno de estos elementos. La acción de los oligoelementos es particularmente sorprendente, rápida y duradera en los niños.

La terapia por medio de oligoelementos presenta grandes ventajas sobre otras terapias ya que permite tratar las predisposiciones patológicas que con el tiempo degenerarían en enfermedades. Problemas de abatimiento general, tristeza o depresión, tan comunes en el mundo moderno, pueden tratarse con gran éxito por medio de la combinación de varios oligoelementos: cobre, oro y plata. El aluminio se utiliza en trastornos del sueño, el cobre es un poderoso estimulador de las defensas y el selenio ejerce una poderosa acción sobre los radicales libres.

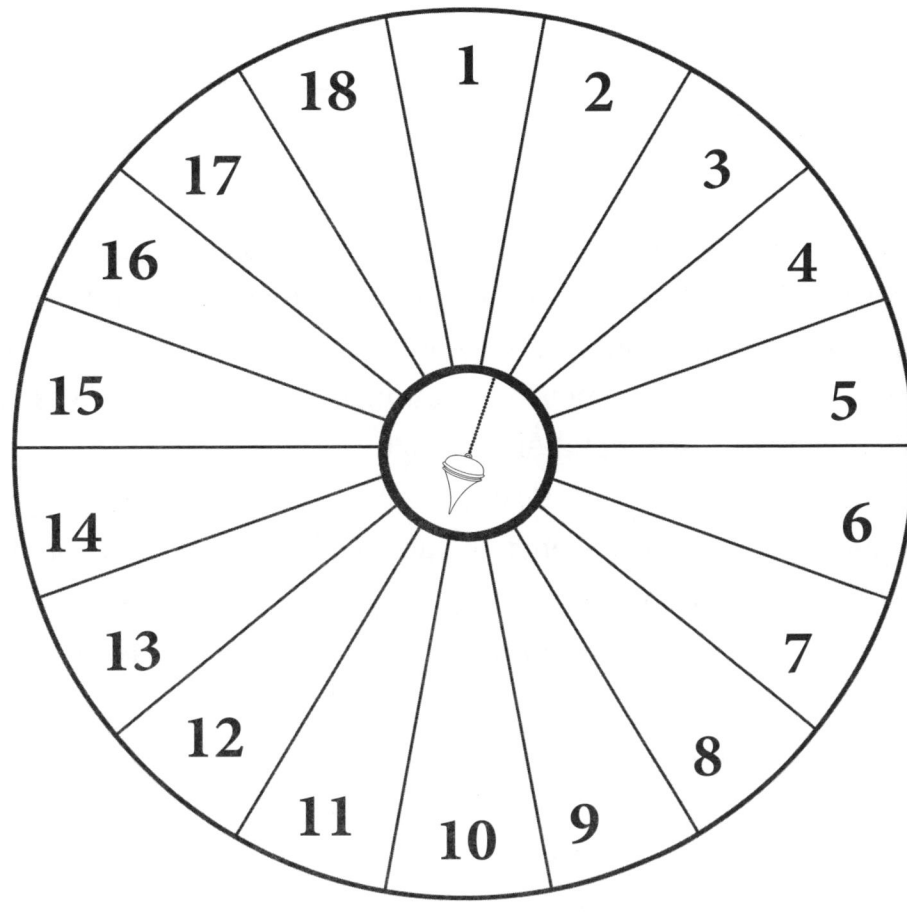

1. Hierro
2. Flúor
3. Magnesio
4. Cobre
5. Calcio
6. Potasio
7. Cobalto
8. Yodo
9. Boro
10. Silicio
11. Plata
12. Oro
13. Litio
14. Zinc
15. Níquel
16. Plomo
17. Aluminio
18. Estaño

Sales bioquímicas de Schüssler

Las células del cuerpo humano necesitan nutrirse de compuestos orgánicos complejos y de sustancias inorgánicas o sales minerales. La deficiencia de una sal mineral impide que las células asimilen y utilicen los compuestos orgánicos. Estas sales minerales son doce, y están presentes en la sangre y en los tejidos. El médico alemán Wilhelm Schüssler (1821-1898) fue uno de los impulsores de la bioquímica, ciencia que estudia la composición y la estructura química de los seres vivos, así como la dinámica de sus procesos metabólicos. Según él, los tejidos están enfermos porque en las células que los constituyen hay una carencia de una o varias sales minerales. Para remediarlo, hay que localizar con el péndulo cuál es la sal que se debe reforzar. Estas sales se encuantran en cualquier farmacia en forma de polvos o comprimidos a la 6ª disolución decimal. Se toman dos comprimidos al día que se dejan disolver en la boca como cualquier remedio homeopático.

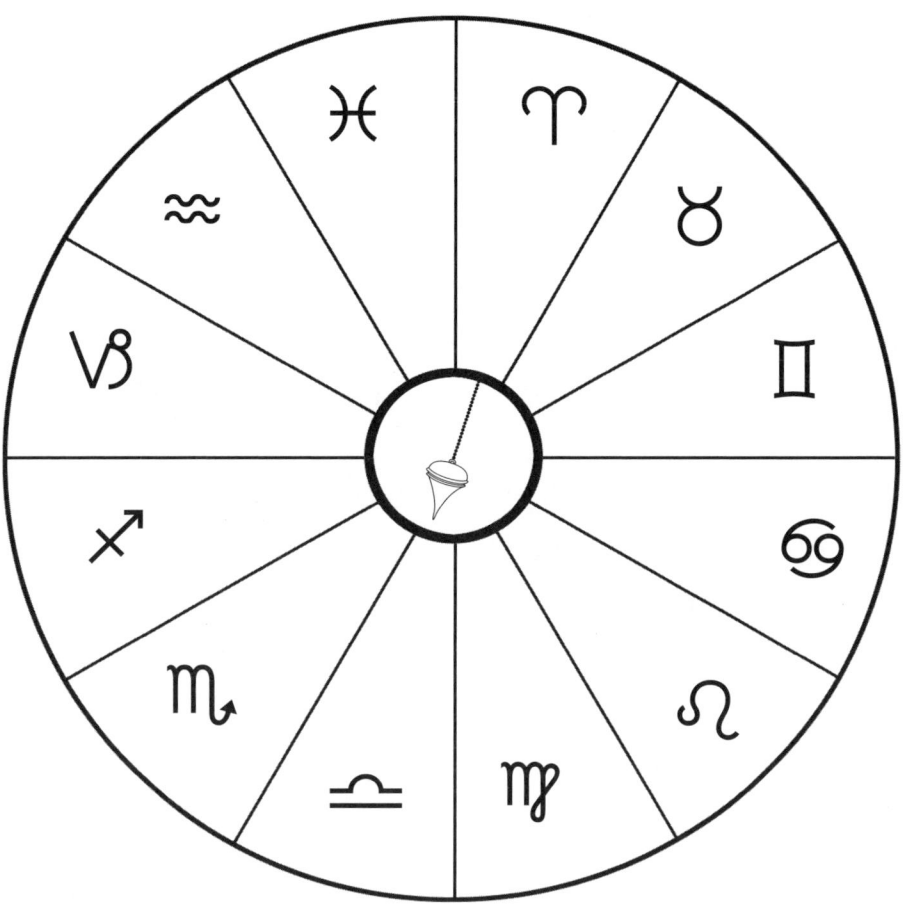

♈ Fosfato de potasio
♉ Sulfato de sosa
♊ Clorito de potasio
♋ Fluoruro de calcio
♌ Fosfato de magnesio
♍ Sulfato de potasio
♎ Fosfato de sosa
♏ Sulfato de calcio
♐ Silicea
♑ Fosfato de calcio
♒ Clorito de sosa
♓ Fosfato de hierro

Las flores de Bach

El péndulo se ha convertido en una herramienta muy eficaz a la hora de escoger cuál es la esencia floral del Dr. Edward Bach más adecuada para una persona en un momento dado. Estas esencias naturales, descubiertas por el genial médico homeópata británico, se pueden utilizar para tratar diversas situaciones emocionales como la soledad, el estrés, los miedos, las fobias o las obsesiones. Tanto las emociones como los pensamientos, positivos o negativos, influyen en la salud. Al resolver problemas mentales y emocionales, las flores de Bach tienen también un efecto positivo sobre el cuerpo físico, y no pocas dolencias y síntomas mejoran o desaparecen cuando son administradas. Miedos, depresiones, sensación de soledad, nerviosismo, celos o problemas de autoestima suelen solucionarse después de utilizar esta terapia, especialmente aconsejable con bebés y niños.

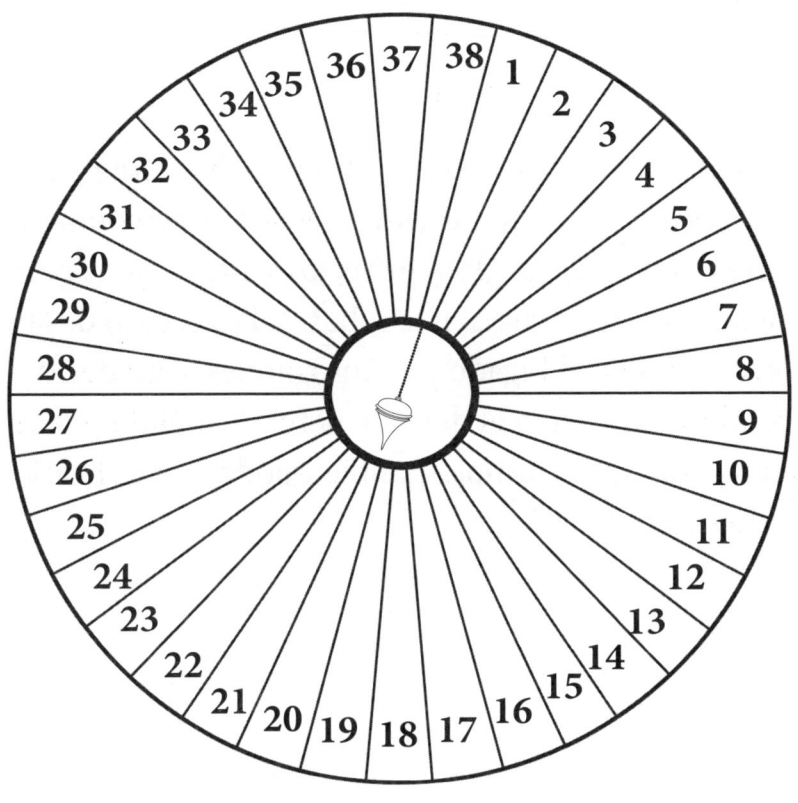

1. Rock Rose
2. Mimulus
3. Cherry Plum
4. Aspen
5. Red Chestnut
6. Cerato
7. Scleranthus
8. Gentian
9. Gorse
10. Hombeam
11. Wild Oat
12. Clematis
13. Honey suckle
14. Wild Rose
15. Olive
16. White Chestnut
17. Mustard
18. Chestnut Bud
19. Water Violet
20. Impatiens
21. Heather
22. Agrimony
23. Centaury
24. Walnut
25. Holly
26. Larch
27. Pine
28. Elm
29. Sweet Chestnut
30. Star of Bethlehem
31. Willow
32. Oak
33. Crab Apple
34. Chicory
35. Vervain
36. Vine
37. Beech
38. Rock Water

La dieta idónea

Cada persona es un mundo y la dieta ideal para una puede ser ineficaz e incluso nociva para otra. Nuestra forma de alimentarnos debería contemplarse como un manera de curarnos o de prevenir las enfermedades y no como un sistema para perder los kilos que nos sobran o que creemos que nos sobran. Por regla general, los sistemas para perder peso rápidamente no suelen ser eficaces y a veces pueden dejar secuelas graves en la salud. Tal es el caso de las denominadas «dietas protéicas» que pueden dejar secuelas irreversibles en el hígado y en los riñones. Para decidir qué dieta es la más adecuada para nosotros es indispensable acudir al médico o al dietista, pero el péndulo puede guiar nuestra intuición o dirigirnos hacia el sistema más idóneo para alimentarnos. También podemos utilizarlo para averiguar qué dietas no nos convienen. Todo depende de nuestra pregunta.

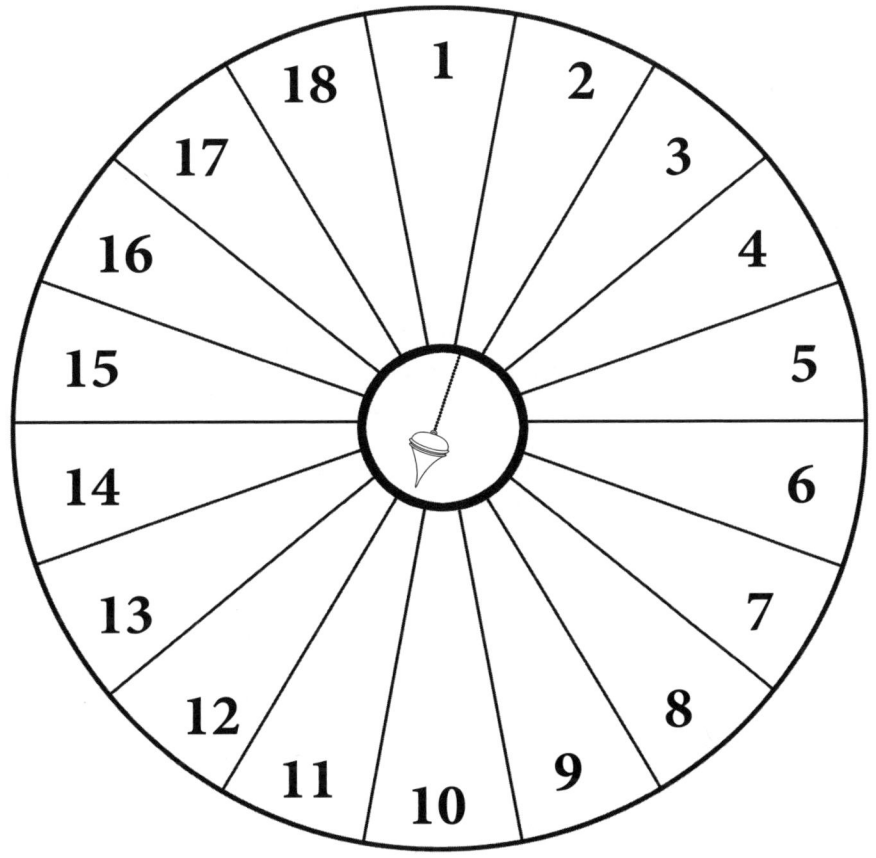

1. Macrobiótica
2. A base de productos frescos
3. Intuitiva
4. Vegetariana ovoláctica
5. Vegetariana
6. Reducción de carnes rojas
7. Aumento de productos frescos
8. Régimen ayurvédico
9. Régimen de desadificación
10. Reducción de azúcar
11. Reducción de sal
12. Ayuno
13. Cura con suero de leche
14. Comer menos
15. Beber más
16. Beber menos
17. Cura con frutas
18. Error

Las piedras preciosas

Desde la más remota antigüedad, y en todo el planeta, se han utilizado las piedras preciosas para fines mágicos y de sanación. El péndulo nos ayudará a escoger qué piedra necesitamos para sanarnos o también qué gema nos dará buena suerte engarzada en una joya. Es recomendable utilizar únicamente piedras de gran calidad (que no siempre son las de más belleza) a poder ser que no hayan sufrido ningún proceso o tratamiento químico. Las mejores piedras no siempre son las más caras. Los expertos recomiendan utilizar piedras redondeadas sobre todo en las terapias en que las piedras se utilizan para masajear al paciente.

Actualmente, gracias a la globalización, las gemas y las piedras preciosas son muy apreciadas, su consumo va en aumento y su utilización terapéutica está más de moda que nunca.

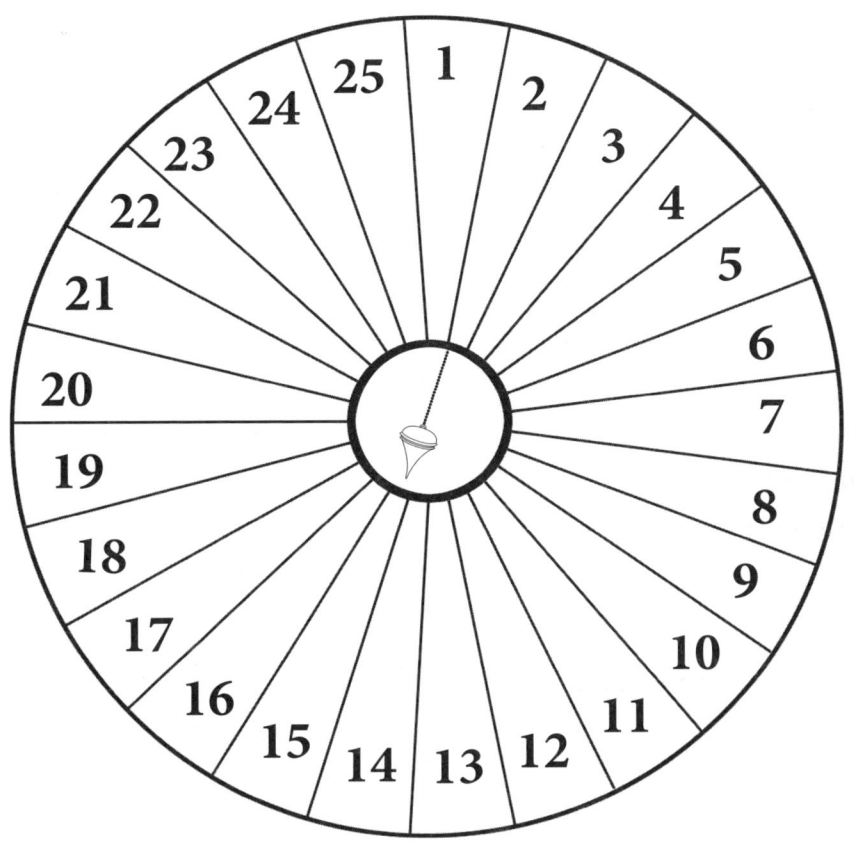

1. Ágata
2. Amatista
3. Aguamarina
4. Cristal de roca
5. Calcedonia
6. Diamante
7. Jade
8. Jaspe
9. Coral
10. Lapislázuli
11. Malaquita
12. Piedra lunar
13. Obsidiana
14. Ópalo
15. Perla
16. Cuarzo
17. Cuarzo rosa
18. Rubí
19. Zafiro
20. Esmeralda
21. Ojo de tigre
22. Topacio
23. Turquesa
24. Turmalina
25. Citrino

El péndulo, el dinero y la prosperidad

Por extraño que pueda parecerle a algunos, el dinero es una forma de energía y, como tal, puede «sentirse» por medio del péndulo, que nos ayudará a:

- Comprender el sentido del dinero
- Ocuparnos de administrar bien el dinero
- Abrirnos a la prosperidad que nos rodea
- Liberarnos de la avaricia que nos traería escasez
- Aprender a ganar dinero rápida y honradamente
- Aprender a economizar y a ahorrar
- Compartir nuestro dinero con los demás
- Aprender a gastar nuestro dinero de un modo responsable

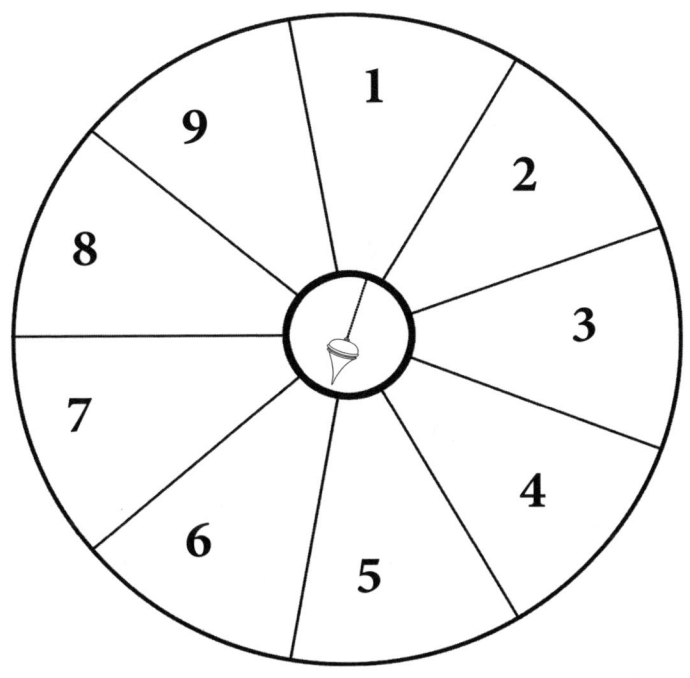

1. Aprender a aceptar el dinero que nos llega
2. Liberarnos de la avaricia
3. Aceptar nuevas maneras de ganar dinero
4. Aprender a ahorrar
5. Aprender a ganar dinero y abrirse a la prosperidad
6. Aprender a responsabilizarnos
7. Aprender a ocuparnos del dinero
8. Aprender a compartir nuestro dinero
9. Error

El péndulo y las relaciones

El éxito o el fracaso de una relación puede preverse a primera vista. En muchas ocasiones un flechazo o la primera impresión son determinantes. Nuestro subconsciente nos avisa, pero a menudo no lo escuchamos. Este mismo mecanismo puede activarse con el péndulo, que nos sugerirá qué hemos de hacer para mejorar nuestras relaciones.

Algunas relaciones fracasan porque uno de los dos no le dedica suficiente atención o tiempo al otro, mientras que otras lo hacen porque uno de los dos se siente atosigado o ahogado por su pareja. Hay que encontrar siempre un punto de equilibrio.

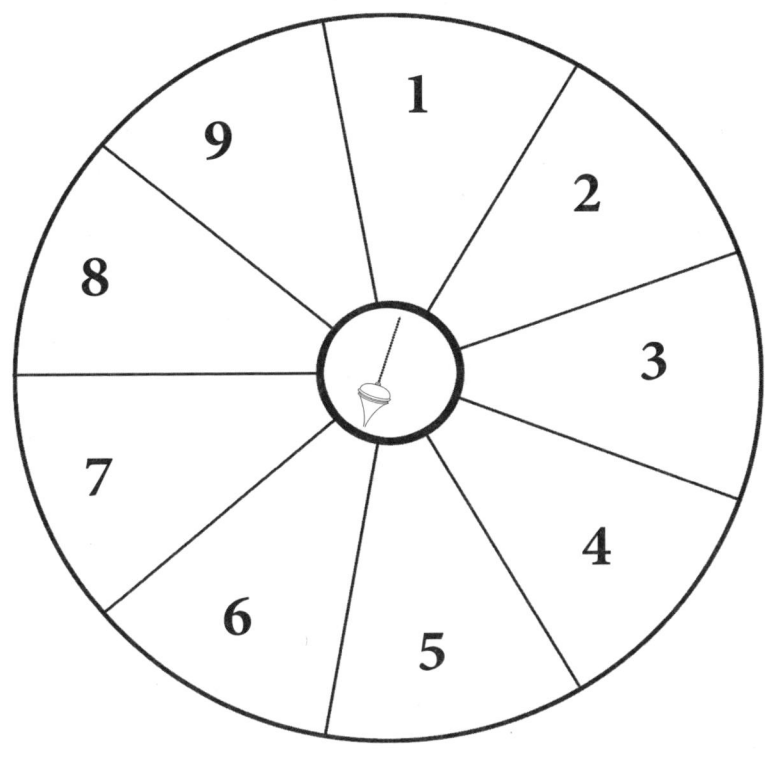

1. Dedicar más tiempo a la pareja
2. Compartir más
3. Poner límites
4. Vivir juntos
5. Ser fiel
6. Separarse
7. Pasar las vacaciones juntos
8. Aprender a compartir nuestro dinero
9. Aprender a gastar de un modo responsable

Los sentimientos

El péndulo puede ayudarnos a saber qué siente alguien por nosotros. Para averiguar cuáles son los sentimientos de una persona con respecto a ti o a un consultante, puedes realizar las siguientes preguntas:

¿Qué siente esta persona por mí?

¿Qué siento yo por ella?

¿Qué siente esta persona por X?

¿Qué sintió esta persona hacia mí cuando sucedió aquello?

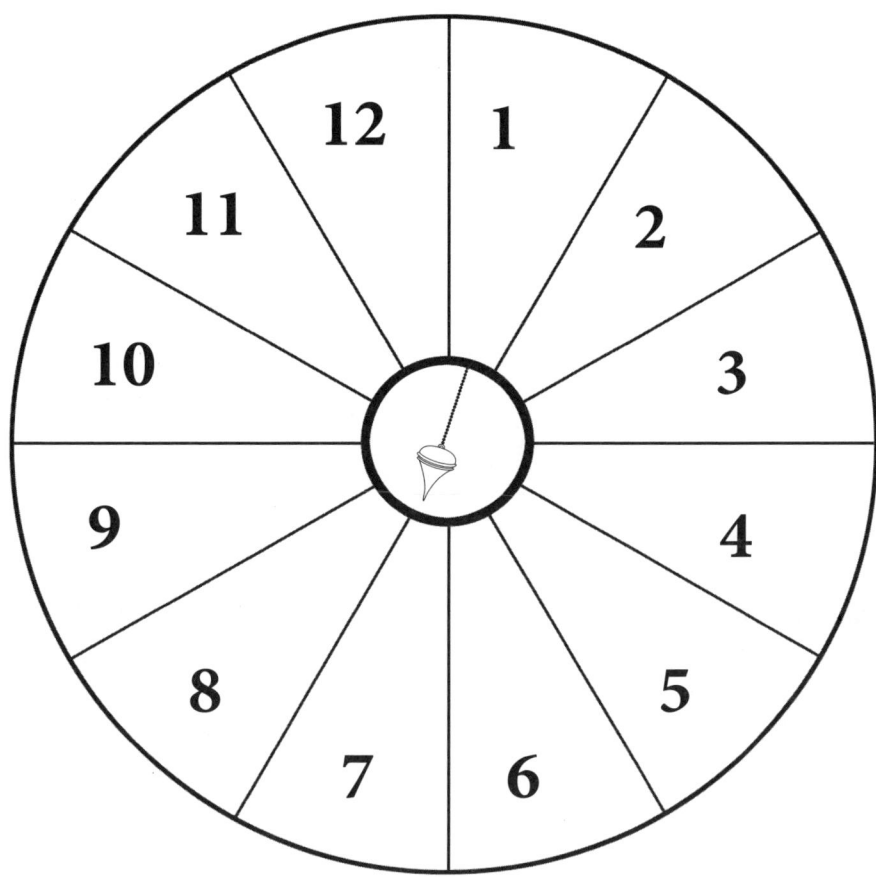

1. Ilusión
2. Afecto
3. Amistad
4. Amor
5. Atracción
6. Otros
7. Desagrado
8. Desconfianza
9. Envidia
10. Enemistad
11. Desilusión
12. Indiferencia

Qué oráculo consultar

En cada momento de nuestras vidas hay una forma oracular que nos es más favorable y que puede aclarar con más sabiduría y precisión nuestras dudas. El péndulo nos ayudará a determinar cuál de las siete posibilidades siguientes será la mejor para nosotros, en este momento preciso.

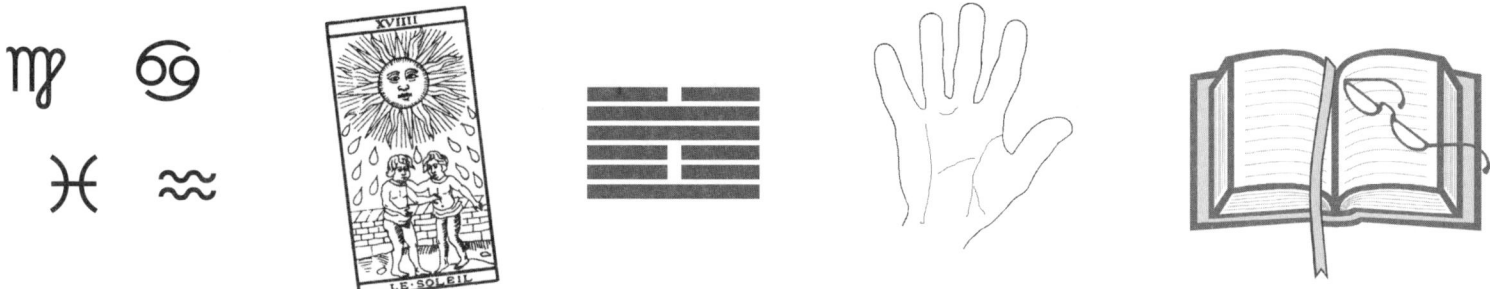

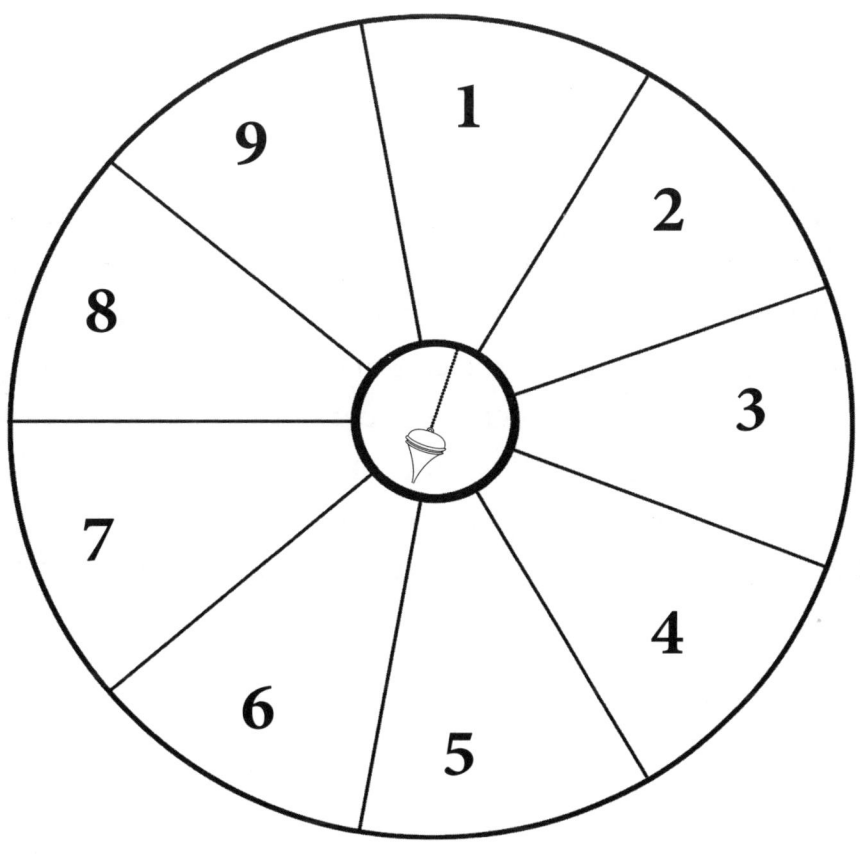

1. Astrología
2. Tarot
3. I Ching
4. Un o una vidente
5. Las runas
6. Lectura de manos
7. La Biblia
8. La bola de cristal
9. Consultar más tarde

El péndulo y las runas

Las runas son sin duda el oráculo europeo más antiguo (más de 2 000 años), y fue utilizado por las tribus nómadas de Escandinavia. Conocidas como el *Futhark*, cada una de las 24 runas tiene un significado simbólico. Aparte de usarse para la magia, también pueden utilizarse para la adivinación y para la sanación. La palabra *runa* significa «aquel que sabe» y cada runa, como símbolo que es, tiene varios niveles de lectura que van desde el concepto filosófico o espiritual hasta el consejo material. Mediante el péndulo podemos averiguar qué runa es la más apropiada para un caso de sanación o, después de formular una pregunta concreta, cuál es la runa que nos la va a contestar. Podemos escoger, ayudándonos del péndulo, una runa cada mañana y nos dará la pauta a seguir durante el día. Existen numerosos libros que tratan sobre las runas y sus significados, pero el mejor es sin duda *Futhark, la magia de las runas*, de Edred Thorsson.

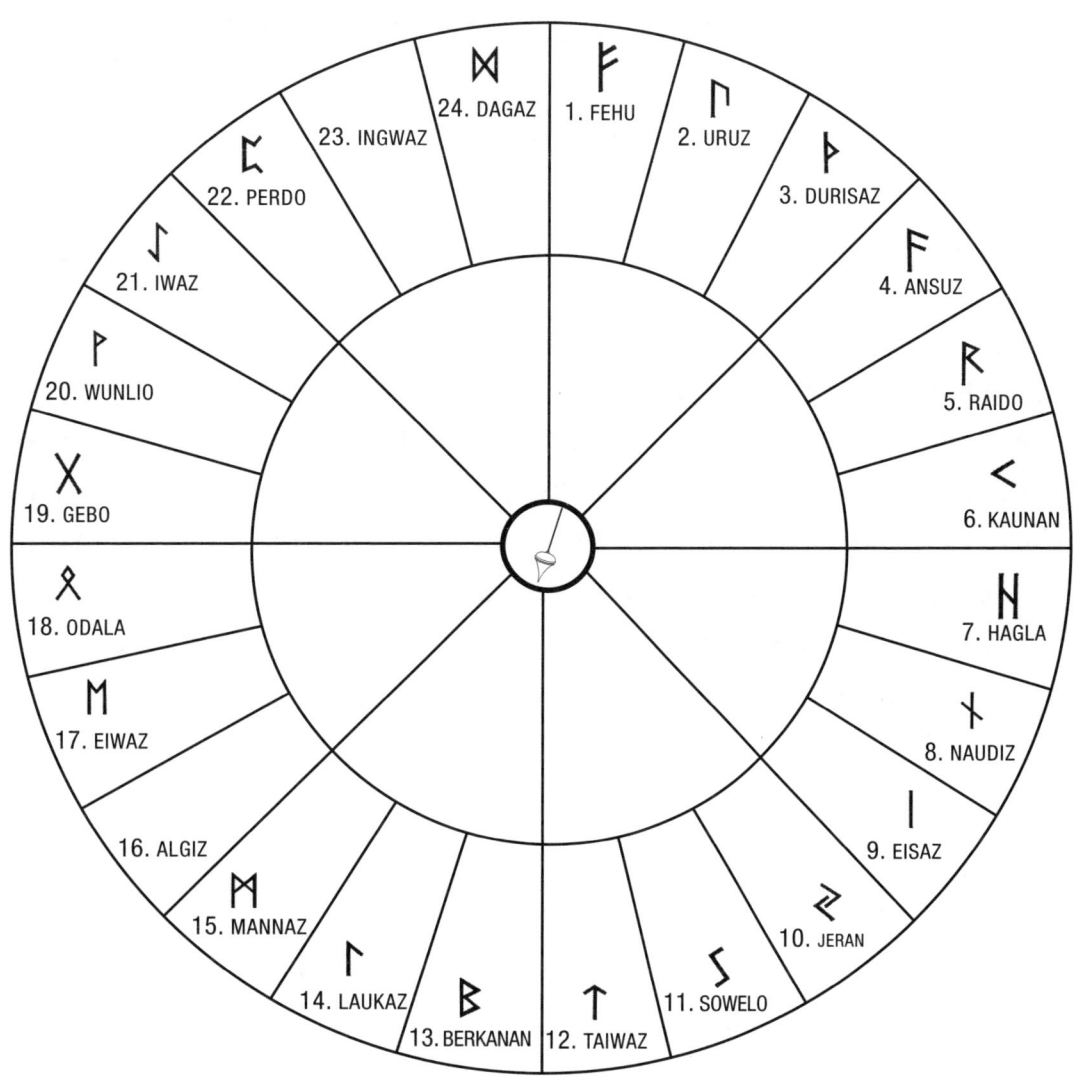

1. FEHU
2. URUZ
3. DURISAZ
4. ANSUZ
5. RAIDO
6. KAUNAN
7. HAGLA
8. NAUDIZ
9. EISAZ
10. JERAN
11. SOWELO
12. TAIWAZ
13. BERKANAN
14. LAUKAZ
15. MANNAZ
16. ALGIZ
17. EIWAZ
18. ODALA
19. GEBO
20. WUNLIO
21. IWAZ
22. PERDO
23. INGWAZ
24. DAGAZ

Los 22 arcanos del Tarot

Los arcanos del Tarot son poderosos símbolos arquetípicos, cargados de energía psíquica, que se pueden aplicar a prácticamente todas las situaciones de la vida diaria.

Mediante el péndulo podemos averiguar qué arcano es el más apropiado para un caso de sanación o, después de formular una pregunta concreta, cuál es el que nos la responderá con más exactitud. Con la ayuda del péndulo podemos escoger una carta del Tarot cada mañana y nos dará las pautas a seguir durante el día. También podemos, después de plantear muy claramente una pregunta, escoger tres cartas. La primera se aplicará al presente, a nuestro estado de ánimo frente a la pregunta planteada; la segunda a la naturaleza de las vibraciones que envuelven al tema de nuestra pregunta, y la tercera nos proporcionará la respuesta que estamos buscando.

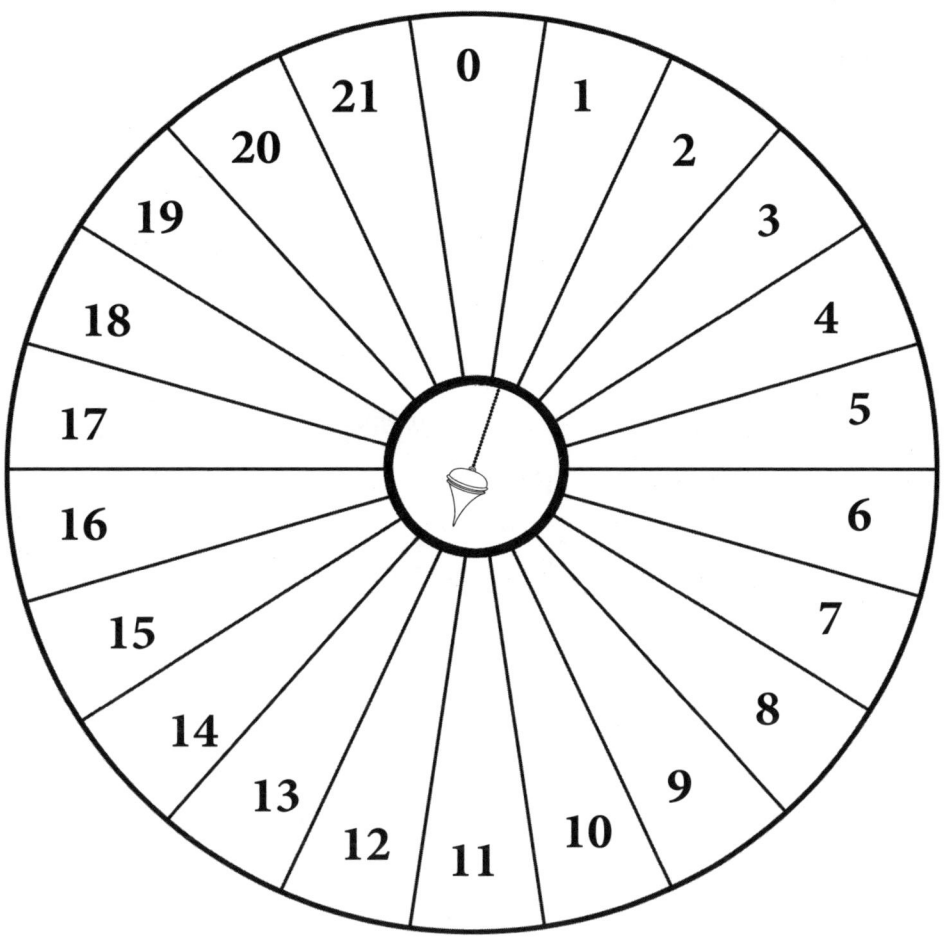

1. El Mago
2. La Papisa
3. La Emperatriz
4. El Emperador
5. El Papa
6. Los Enamorados
7. El Carro
8. La Fuerza
9. El Ermitaño
10. La Rueda de la Fortuna
11. La Justicia
12. El Colgado
13. La Muerte
14. La Templanza
15. El Diablo
16. La Torre
17. La Estrella
18. La Luna
19. El Sol
20. El Juicio
21. El Mundo
0. El Loco

El eneagrama

El eneagrama es un modelo de la estructura de la persona humana que nos propone nueve configuraciones distintas de personalidad. Las afirmaciones clave que caracterizan cada tipo de eneagrama son:

1. Soy recto y trabajador
2. Soy altruista y ayudo a los demás
3. Soy eficaz y exitoso
4. Soy sensible y diferente
5. Soy investigador y acumulo conocimientos
6. Soy colaborador y confiable
7. Soy feliz y optimista
8. Soy fuerte y abierto
9. Soy tranquilo y pacífico

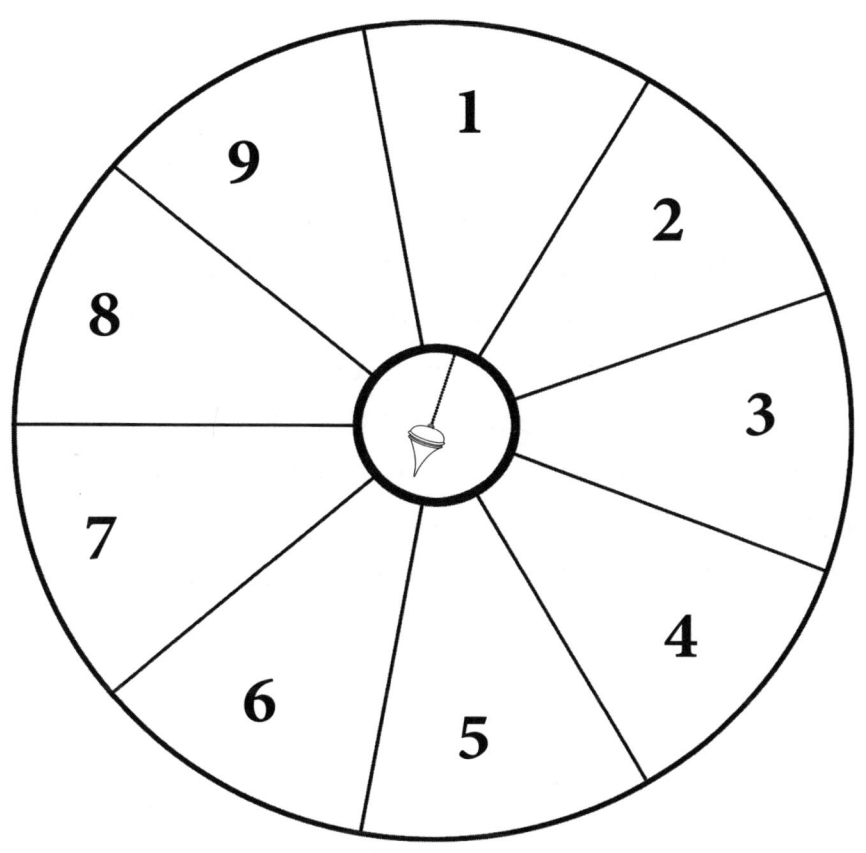

1. Soy recto y trabajador
2. Soy altruista y educado
3. Soy exitoso y competente
4. Soy armónico
5. Soy investigador
6. Soy confiable y seguro
7. Soy feliz y optimista
8. Soy fuerte y abierto
9. Soy tranquilo y pacífico

Plantas medicinales

Desde épocas prehistóricas el hombre ha hecho uso de las plantas medicinales para curarse y curar a los demás. En la antigüedad los enfermos acudían al herbolario en busca de medicina, actualmente acuden a la tienda de dietética o a la farmacia en busca del mismo producto, pero mucho más caro. El primer libro escrito sobre plantas medicinales tiene varios miles de años. Se trata de unas tabletas de arcilla sumerias que recopilaban los conocimientos sobre las principales propiedades curativas de las plantas. Actualmente podemos encontrar algo parecido, pero modernizado, en las innumerables páginas de internet que trantan sobre fitoterapia. Hemos escogido entre los miles de plantas medicinales disponibles en el mercado únicamente las 18 más utilizadas. Estas pocas plantas cubren un amplio abanico de posibilidades de curación y, convenientemente administradas, carecen de peligros.

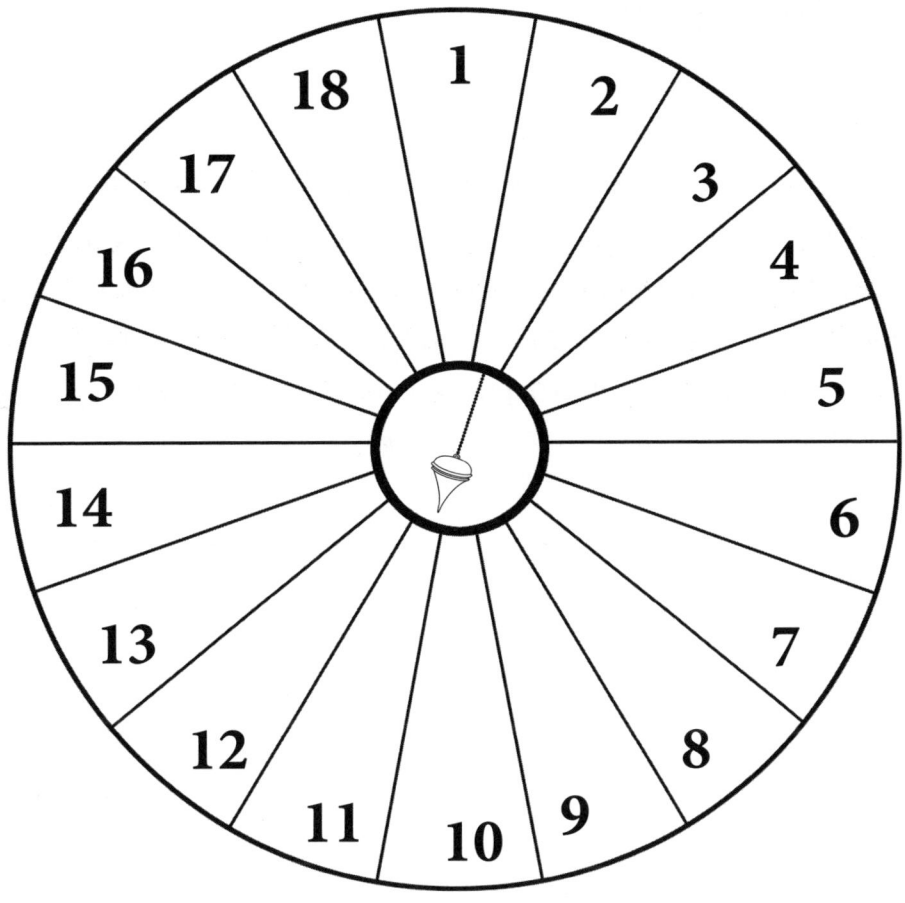

1. Avena
2. Boldo
3. Cola de caballo
4. Diente de león
5. Eucaliptus
6. Hierbabuena
7. Hierba de san Juan
8. Manzanilla
9. Menta
10. Poleo
11. Romero
12. Salvia
13. Sen
14. Tila
15. Tomillo
16. Valeriana
17. Vara de Oro
18. Verbena

El tiempo

A la hora de averiguar cuándo va a tener lugar un acontecimiento, de tomar una decisión importante o de decidir cuándo emprender algo, podemos solicitar la ayuda del péndulo, que nos informará sobre cuándo podemos hacerlo. Gracias a la plantilla siguiente, podremos determinar el tiempo que ha de transcurrir, desde un solo día hasta diez meses. Si nos encontramos con que el péndulo no se mueve o lo hace de un modo alocado, probablemente la respuesta sea la que menos esperamos: nunca. Si se detiene en el centro, puede estar diciéndonos que el momento adecuado es ahora.

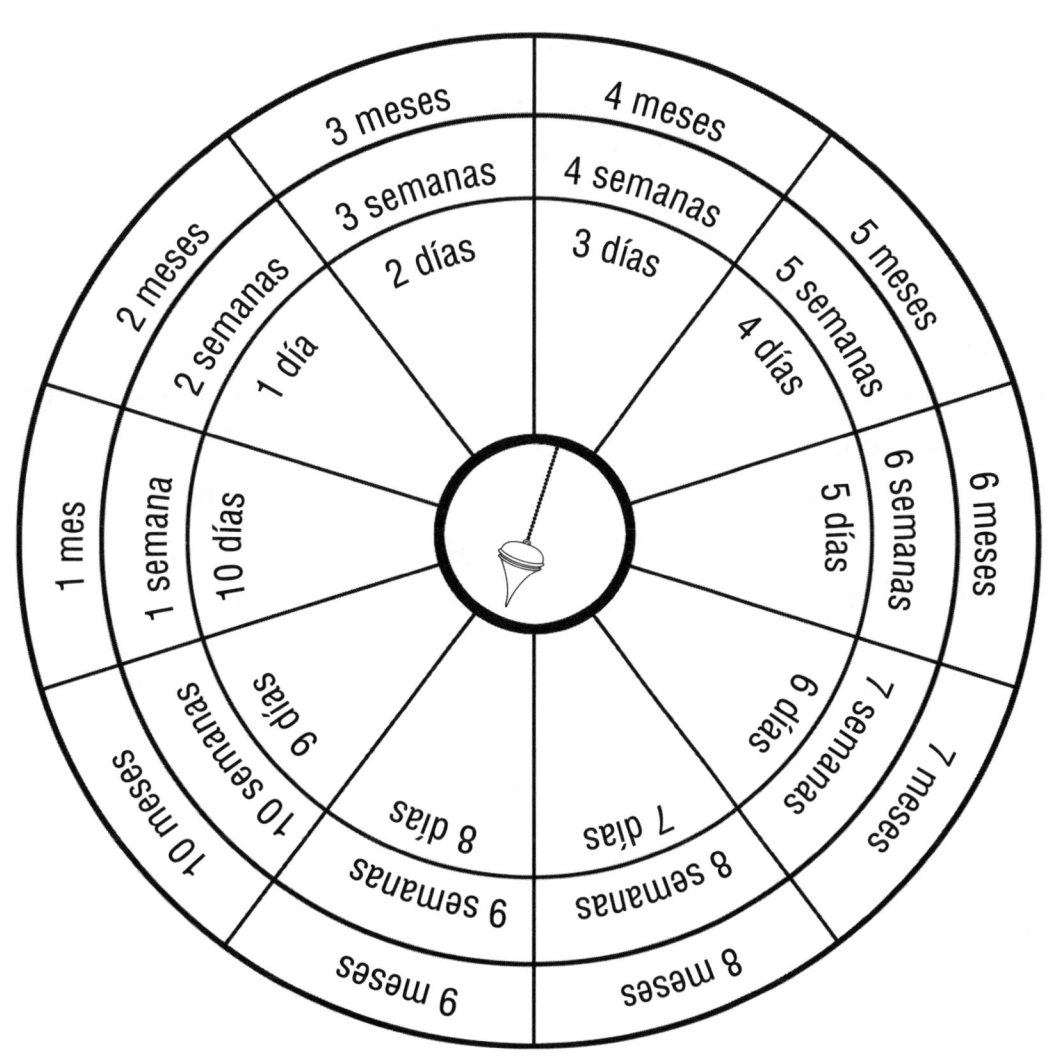

Toma de decisiones

El péndulo puede sernos de gran ayuda a la hora de tomar una decisión. Saber si hemos de hacer algo o dejarlo para más adelante, si conviene hacerlo a menudo o únicamente de vez en cuando puede resultar determinante. La plantilla para la toma de decisiones contiene también todo el alfabeto para poder hallar respuestas más elaboradas. A la hora de tomar las decisiones importantes, además de recurrir al péndulo, hemos de utilizar la lógica y el sentido común. Las consecuencias y repercusiones de nuestras decisiones son algo que se extiende a lo largo del tiempo y para tomar decisiones acertadas hemos de tener la mente fresca y evitar caer en errores de percepción.

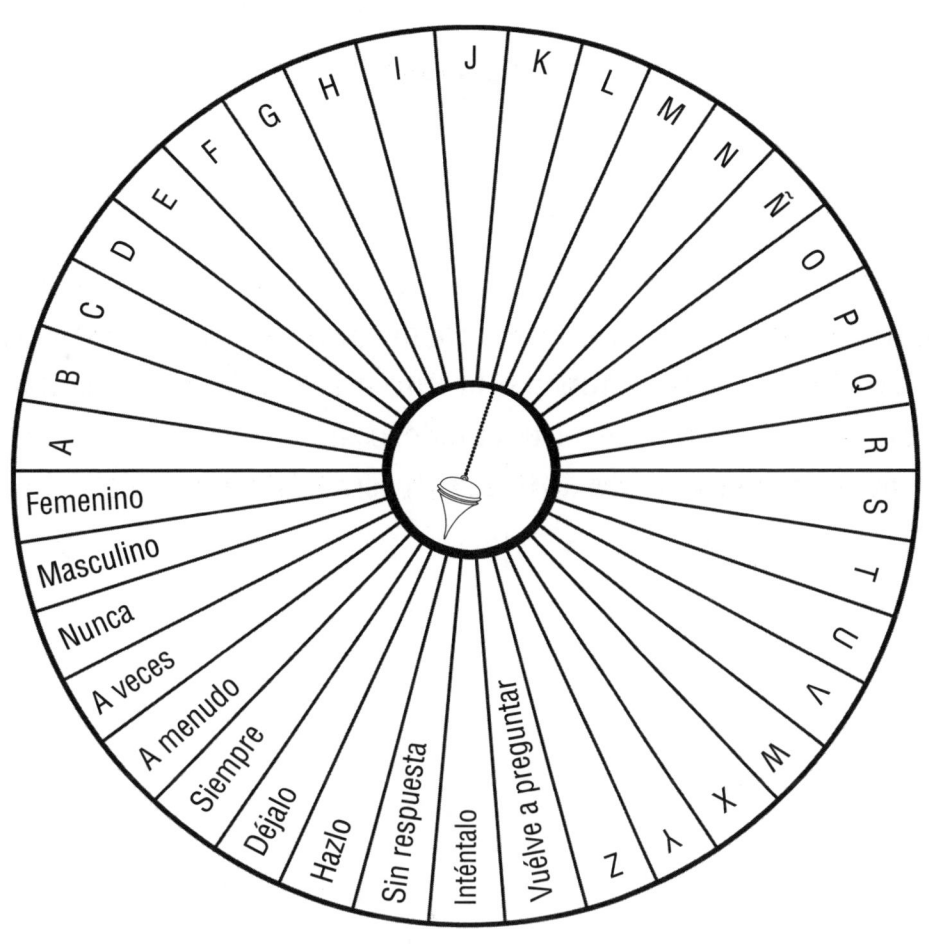

Corrección de errores

El diagrama siguiente sirve para determinar con algo más de exactitud los errores. Si queremos trabajar con el péndulo en un asunto que nos importa mucho, es muy importante averiguar si los resultados obtenidos son los correctos, y este diagrama nos ayudará a determinar si hay un margen de error. También es aconsejable pedir la opinión de otro radiestesista, a poder ser más experimentado, o utilizar otro sistema mántico. En el diagrama siguiente encontraremos las causas más frecuentes de una respuesta falsa del péndulo.

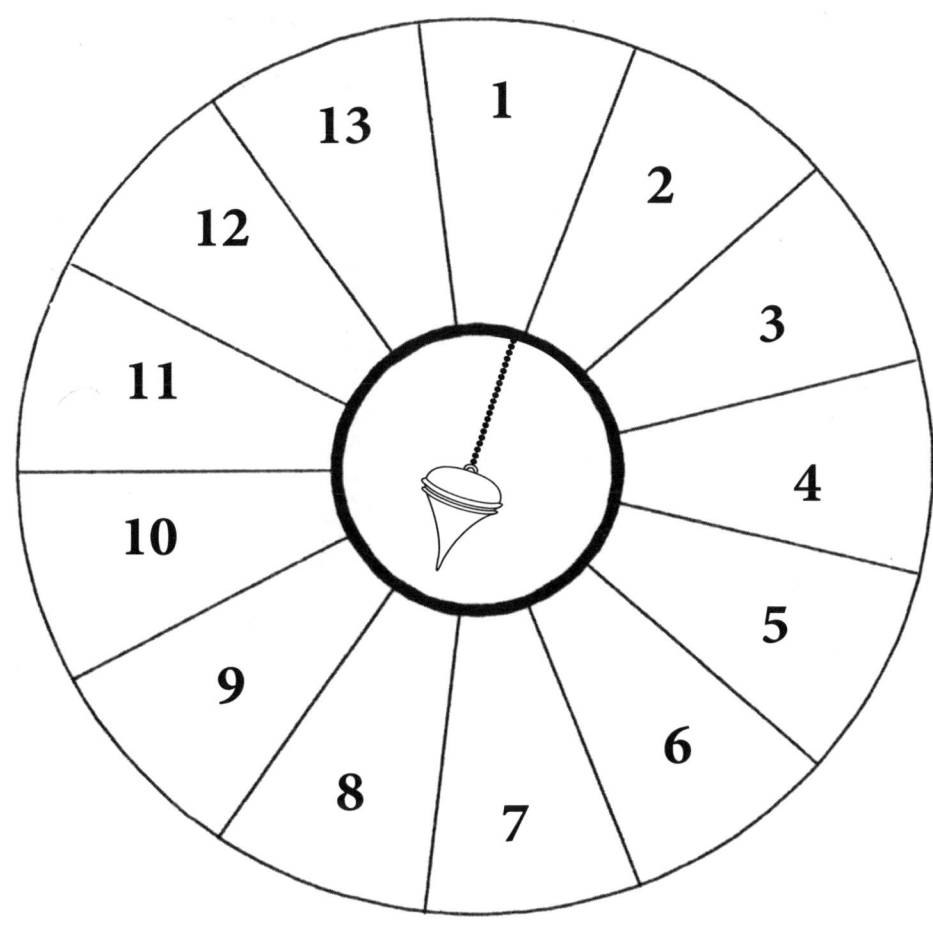

1. Influencias perturbadoras externas
2. Falta de confianza
3. Designio anticipado
4. Ningún interés serio
5. La respuesta no está en la tabla
6. Vanidad
7. Incompetente
8. No concentrado
9. Demasiado cansado
10. Influencia mágica perturbadora
11. Prestar atención a la esfera íntima del otro
12. No puede contestarse por el momento
13. Error

A modo de conclusión

Trabajar con el péndulo es mucho más que jugar al profesor Tornasol de los libros de Tintín. Es entrar en contacto con un mundo de energías y radiaciones del cual muchas veces no somos conscientes. Pero no sólo es entrar en contacto con él, es aprender a seleccionarlas, a amplificarlas y a interpretarlas. Como opinan muchos radiestesistas profesionales, el trabajo con el péndulo no se reduce a la búsqueda de respuestas. Se trata de una actividad que nos cambia, que nos hace más sensibles, que nos hace mejores. Por esta razón, hemos de respetar el péndulo o las varillas: son más que un mero instrumento, son una prolongación de nuestra alma, de su capacidad para entrar en contacto con lo invisible.

Algunas frases

«La radiestesia no es una ciencia, es un arte y hay artistas que tienen talento y artistas que carecen de él».

Paracelso

«El péndulo sirve para armonizar nuestros centros vibratorios, para medir las energías que éstos emanan y para utilizar las grandes corrientes del universo».

Françoise Griffet

«El péndulo no sirve para conseguir habilidades paranormales, sino para recuperar habilidades que deberían ser normales».

D. Coquelle

«Radiestesia es el estudio de los fenómenos de los campos de fuerza de origen eléctrico, magnético y gravatorio de la naturaleza, que al influenciar el organismo humano, provocan ciertos reflejos neuromusculares que pueden ser amplificados mediante instrumentos como el péndulo o la varilla».

Jean Charloteaux

«Cada célula tiene su propia frecuencia de resonancia. Si un órgano o una parte del cuerpo está infectado o enfermo, la resonancia de las células afectadas desciende».

George Lakhovsky

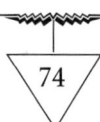

Bibliografía

GRAVES, Tom, *Los misterios del péndulo*, Ediciones Temas de Hoy, Madrid, 1992.

COUÉ, Dr. Emile, *Afirmaciones y autosugestión*, Ediciones Obelisco, Barcelona, 1994.

LÜBECK, Walter, *Manual del péndulo*, Ediciones Obelisco, Barcelona, 1997.

ANDREU, Ramón, *Radiestesia*, Ediciones Obelisco, Barcelona, 1999.

SCHIRNER, Markus, *El gran libro del péndulo*, Ediciones Obelisco, Barcelona, 2000.

THORSSON, Edred, *Futhark, la magia de las runas*, Ediciones Obelisco, Barcelona, 2006.

GADINI, Roberto, *Péndulo, poder y magia*, Editorial Edaf, Madrid, 2007.

VENTI, *El péndulo y el uso del péndulo* (trabajo muy recomendable, en internet)

Índice